Sergio Bambaren

Die Weisheit deines Herzens

Ein Buch für Suchende

Aus dem Englischen von
Gaby Wurster

PIPER
München Berlin Zürich

Mehr über unsere Autoren und Bücher:
www.piper.de

Von Sergio Bambaren liegen im Piper Verlag vor:
Der träumende Delphin
Ein Strand für meine Träume
Das weiße Segel
Der Traum des Leuchtturmwärters
Samantha
Stella – Ein Weihnachtsmärchen
Die Botschaft des Meeres
Die Zeit der Sternschnuppen
Der kleine Seestern
Die Rose von Jericho
Ein Ort für unsere Träume
Die blaue Grotte
Die Bucht am anderen Ende der Welt
Die Heimkehr des träumenden Delphins
Lieber Daniel – Briefe an meinen Sohn
Die beste Zeit ist jetzt
Die Stunde der Wale
Die Weisheit deines Herzens
Das Leuchten der Wüste

Kontakt zum Autor: sbambaren@yahoo.com
Facebook: Sergio Bambaren
Homepage: www.sbambaren.com

MIX
Papier aus verantwortungsvollen Quellen
FSC® C083411

Ungekürzte Taschenbuchausgabe
August 2015
© 2013 Sergio F. Bambaren
Titel der englischen Originalausgabe: »The Promise«
© der deutschsprachigen Ausgabe:
Piper Verlag GmbH, München/Berlin 2014,
erschienen im Verlagsprogramm Pendo
Umschlaggestaltung: Mediabureau Di Stefano, Berlin
Umschlagabbildung: Bob DeSantis
Satz: Fotosatz Amann, Memmingen
Gesetzt aus der Bauer Bodoni
Druck und Bindung: CPI books GmbH, Leck
Printed in Germany   ISBN 978-3-492-30671-3

Vorwort

Wenn ein Mann in seinem Leben einen Baum gepflanzt, ein Buch geschrieben und ein Kind gezeugt hat, dann hat er sich seine Träume erfüllt, heißt es.

Das mag für einige Männer gelten, aber ganz bestimmt nicht für mich.

Viele Jahre lang bin ich durch das offene Buch des Lebens gereist und habe dabei festgestellt, dass der wahre Weg zu meinem persönlichen Glück eine Abfolge von Entscheidungen war, die ich immer wieder in bestimmten kritischen Momenten treffen musste. Zwar bin ich auf meiner Reise manchmal gestolpert. Doch im Laufe der Jahre wurde mir klar, dass es einen Grund gab, warum ich so oft straucheln und Fehler machen musste.

Zum Glück haben mir echte Seelenverwandte, die meinen Lebensweg kreuzten, die Sache einfacher gemacht. Menschen, die ihre Träume wahr gemacht und mir geholfen haben, an mich selbst zu glauben. Sie haben mir die Sicht auf die Dinge

verdeutlicht, wenn ich kurz davor war aufzugeben, oder waren einfach nur da, wenn der Schmerz an meine Tür klopfte.
Ich habe einen Baum gepflanzt, ein Buch geschrieben und ein Kind gezeugt. Ich hatte Glück. Aber es gibt noch mehr im Leben. Sehr viel mehr…

～

Vor einiger Zeit hat einer der wunderbarsten Menschen, die ich je kennenlernen durfte, diese Welt verlassen.
Sie hieß Silvia. Wir kannten einander von Kindesbeinen an, wir stammen aus demselben Viertel einer Stadt am Meer, einer Stadt in einem fernen Land. Wir wuchsen zusammen auf, dann trennten sich unsere Wege, und ein jeder lebte das Leben, für das er sich entschieden hatte.
Silvia und ich hatten die gleiche Lebenseinstellung, wir teilten die wundersamen Jahre unserer Kindheit. Wir waren beide Träumer, ja Seelengeschwister. Dies bestätigte sich, als sie viele Jahre später ihren lukrativen Job aufgab und sich für ein Leben als Malerin entschied, so wie auch ich aus der Geschäftswelt ausgestiegen und Schriftsteller geworden bin.
In ihren letzten Jahren litt Silvia an einer unheilbaren Krankheit. Mit einundfünfzig Jahren schied sie schließlich aus dieser Welt. Ihr Leiden, das ich

jahrelang mitverfolgt hatte, war endlich vorüber. Nun ist sie frei. Eine der bewundernswertesten und schönsten Seelen, die ich kannte, hat ihren todkranken Körper verlassen. Silvias Mut und ihr Wille, das Leben bis zum letzten Atemzug voll auszukosten, waren für mich etwas ganz Neues und Besonderes. Ich war beeindruckt, wie sie ihre Situation akzeptierte, anstatt sich darüber zu beklagen, dass das Leben sie so ungerecht behandelte.

Ich hatte die Ehre, die letzte Person zu sein, mit der sie sprach, bevor sie in ein tiefes Koma fiel, aus dem sie nie wieder erwachte. Genau wie ich war auch Silvia ihrem Schicksal gefolgt und viele Male um die Welt gereist, bevor sie nach Jahren wieder in das Stadtviertel zurückkehrte, in dem wir beide groß geworden sind – eine Art Basislager voller wunderbarer Erinnerungen.

Sie hatte sich dazu entschieden, zu Hause zu sterben, in ihrem kleinen Häuschen, das dem Märchen vom Aschenputtel entsprungen schien und einen atemberaubenden Blick aufs Meer bot. An den Wänden hingen jede Menge Bilder, die sie selbst gemalt hatte und die eine gewisse Beschaulichkeit ausstrahlten. Ein ganz kleines, bescheidenes Heim und doch so voller Liebe und Lebensfreude.

Ich erinnere mich, wie sie mich vor ein paar Wochen anrief.

»Ich muss mit dir reden, Sergio«, sagte sie.

»Gern. Wann soll ich kommen?«

»Am besten sofort.«
»Ich komme, so schnell ich kann.«
»Danke, Sergio. Sieh bitte zu, dass es nicht zu lange dauert.«

~~~

Ich eilte zu ihr. Da sie nicht mehr aus dem Bett aufstehen konnte, hatte sie mir einen Hausschlüssel gegeben.
»Hallo, meine Schöne!«, begrüßte ich sie.
»Hallo, Sergio. Danke, dass du gekommen bist.«
»Ich danke dir, dass du mich angerufen hast«, erwiderte ich.
Es war kurz vor Sonnenuntergang. Goldenes Licht strahlte warm durch die offenen Fenster ihres Zimmers, und eine frische, salzige Abendbrise wehte herein.
Mit schwacher, aber freundlicher Stimme bat Silvia ihre Krankenpflegerin, uns allein zu lassen.
»Natürlich«, antwortete die Schwester. Doch bevor sie ging, flüsterte sie mir noch zu: »Ich denke, das Ende ist nah.«

~~~

Ich wollte bereits die Tür hinter der Krankenpflegerin schließen, da hörte ich Silvias Stimme.
»Bitte nicht, Sergio. Offene Fenster, offene Türen

brauche ich jetzt mehr denn je. Damit ich weiter durchhalten kann, muss mein geplagter Körper die Schönheit des Lebens aufnehmen.«

Ich respektierte ihren Wunsch. Das Zimmer war erfüllt von Licht, reiner Meeresluft und dem Geräusch der Brandung. Überall hingen Bilder aus allen Ecken und Enden der Welt, und vor den offenen Fenstern zogen die Möwen ihre Kreise.

»Nimm dir einen Stuhl, und setz dich zu mir«, bat Silvia.

Ich schob einen Stuhl ans Bett heran und nahm ihre Hand. Mit ihrer anderen, zitternden Hand nahm sie die Sauerstoffmaske vom Gesicht. Sie wusste ganz genau, was sie tat, weshalb ich nichts sagte und ihr nur zusah. Was für eine schöne Frau doch aus diesem kleinen Mädchen mit dem blonden Haar und den blauen Augen, das ich vor so langer Zeit gekannt hatte, geworden war. Nur ihr Körper welkte, nicht aber ihre Seele.

Lächelnd sah sie mich an, dann heftete sie ihren Blick wieder auf das Fenster mit der erhabenen Aussicht.

»Nun bin ich endlich fast frei, Sergio«, verkündete sie. »Fast!«

Ich drückte ihre Hand etwas fester und gab ihr einen zärtlichen Kuss.

»Bald wird meine Seele meinen Körper verlassen«, fuhr sie fort, während sie das überwältigende Panorama genoss und der salzige Wind ihr einst so schönes Haar streichelte. »Ich spüre es. Es ist in Ordnung so. Es ist das Ende einer wundervollen Reise und der Beginn eines neuen, wahrscheinlich noch viel schöneren Weges.«

Ich kämpfte gegen die Tränen an, die mir in die Augen stiegen. Es war wichtig, dass ich Ruhe bewahrte. Meine Aufgabe bestand lediglich darin, für Silvia da zu sein und zuzuhören, ihr Beistand zu leisten und alle menschliche Wärme zu schenken, zu der ich körperlich und geistig fähig war.

Langsam wandte sie ihren Blick vom Fenster ab und drehte ihren Kopf zu mir. »Sergio, ich muss dir etwas sagen.«

»Nur zu.«

»Wir waren unser Leben lang Freunde. Und obwohl sich unsere Wege irgendwann trennen mussten, hatten wir immer eines gemeinsam: diesen unverschleierten Blick auf die Dinge. Wir haben die Welt wahrgenommen, wie sie wirklich ist, nicht wie man sie uns zu sehen beigebracht hat. Das wissen wir beide.«

»Das stimmt«, bestätigte ich.

»Ich hatte ein erfülltes Leben. Ich durfte wahre Liebe kennenlernen, habe mich von gesellschaftlichen Zwängen befreit, konnte sein, was ich immer sein wollte – Malerin –, und habe mich gut damit gefühlt. Ich erlebte den Zauber, der uns umgibt und der selbst in einem kleinen Regentropfen enthalten ist. Ich habe immer sehr viel mehr gegeben

als genommen und verspüre nun einen Seelenfrieden wie nie zuvor. Ich könnte dir endlos Dinge aufzählen, die das Leben mich gelehrt hat. Aber ich weiß, dass du mich auch so verstehst.«
»Ja, das tue ich.«
»Und doch muss ich aufrichtig zu mir selbst sein. Neulich habe ich deine Bücher erneut gelesen. Immer wieder. In deinen Worten kann ich das Bild meiner Seele erkennen.«
»Danke, Silvia.«
»Danke mir noch nicht. Ich muss dich um einen letzten Gefallen bitten.«
»Alles, was du willst.«
»Es hat mich immer gefreut, einen echten Freund zu haben, der so lebt, wie er schreibt. Aber sicherlich hattest du beim Schreiben auch manchmal Angst, Menschen zu verletzen, die die Welt anders sehen als du.«
»Du kennst mich besser, als ich dachte«, bemerkte ich lächelnd.
»Die Welt ist voller Menschen, die ihr Leben lang entweder geben oder nehmen. Wir werden so geboren. Du und ich, wir haben immer gegeben. Das liegt in unserer Natur.«
»Stimmt.«
Ich spürte, wie sie meine Hand noch fester drückte.
»Du musst mir etwas versprechen. Aber nur, wenn du willst«, flüsterte sie und blickte durch das Fenster ins schwindende Abendlicht.

»Was, meine Schöne?«

»Ich spüre, dass ich diese wunderschöne Welt bald verlassen werde, es ist also keine Zeit mehr zu lügen, so zu tun, als ob, oder etwas zu sein, was ich nicht bin. Es ist an der Zeit, ein letztes Mal auf die Stimme meines Herzens zu hören. Wenn ich könnte, würde ich es selbst tun, aber meine Uhr ist abgelaufen. Du hingegen hast noch Zeit.«

»Zeit wofür, Silvia?«

»Ein Buch zu schreiben, in dem du alle Gefühle und Gedanken offenlegst, die du vielleicht bis jetzt für dich behalten hast. Ein Buch, in dem du der Welt erzählst, wie Menschen wie du und ich, unabhängig von unserer Lebensdauer, es geschafft haben, diesen inneren Frieden und das wahre Glück zu finden, mit dem man jedes Problem, jede Tragödie, jedes Leid meistern kann. Ein Buch, in dem du die Geheimnisse offenbarst, die uns geholfen haben, dorthin zu gelangen, wo wir jetzt sind.«

»Ich bin ganz Ohr«, sagte ich.

»Eines der vielen wundervollen Dinge, die ich an unserer ewig währenden Freundschaft zwischen dir und mir immer geschätzt habe, war die Tatsache, dass wir einander nie anlügen konnten. Stimmt's?«

»Ja, das ist wahr.«

Sie sah mir in die Augen – und direkt in mein Herz.

»Also, nachdem wir beide nun wissen, dass ich in den letzten Zügen liege – sag mir in aller Aufrichtigkeit: Wirst du ein Buch schreiben, in dem du nichts von dem verheimlichst, was dein Herz deiner Seele zuflüstert, egal, was andere dazu sagen oder darüber denken? Wirst du die endgültige Herausforderung annehmen, dir direkt von deinem Herzen in die Feder diktieren zu lassen, völlig frei von jeglichem Vorurteil und allen überkommenen Vorstellungen? Damit die Menschen begreifen, warum wir sogar in den schlimmsten Momenten, die ein jeder durchmachen muss, so frei und glücklich sind, immer optimistisch bleiben und das Schöne im Leben sehen. Damit sie wissen, warum wir diesen Seelenfrieden besitzen und sicher sind, dass er uns erhalten bleibt, bis wir aus der Welt scheiden müssen, wie es in diesem Moment bei mir der Fall ist.«
Ich ließ ihre Hand los, stand auf und ging ans offene Fenster, wo gerade die letzten Strahlen der schönen untergehenden Sonne verblassten und die frische Luft mir übers Gesicht strich. Silvia schwieg. Ich stand da und schwieg auch.

~~~

So verharrte ich vielleicht zehn, fünfzehn Minuten lang.
Bin ich bereit, das Buch zu schreiben, um das Silvia mich gerade gebeten hat?, fragte ich mich.

Schließlich ging ich wieder zu ihr. Ich wusste nicht, was ich ihr antworten sollte. Doch als ich mich neben diesen so gebrechlichen Körper setzte, der zugleich einer der stärksten Seelen gehörte, die ich kannte, kam mir die Stimme meines Herzens zu Hilfe:

Tu's! Fasse deine eigene Wahrheit in Worte und bringe sie zu Papier. Teile der ganzen Welt mit, dass es einmal eine Frau gab, die Silvia hieß und starb, als sie noch voller Lebensfreude war.

Ich füllte meine Lungen mit der frischen Seeluft, nahm wieder Silvias Hand und blickte ihr lächelnd in die Augen.

»Ja, Silvia, das will ich tun. Für dich und für alle, die bereit sind, ein für allemal die Glaswände einzureißen, die sie daran hindern, frei zu sein wie der Wind, der uns gerade liebkost. Für alle, die dasjenige Leben führen wollen, für das sie auf diese Welt gekommen sind, und nicht jenes, das andere ihnen vorgeschrieben haben. Ich will die Herausforderung annehmen, nicht nur meine Wahrheit auszusprechen, sondern auch deine, Silvia.«

»Und was ist, wenn jemand nicht versteht, was wir ihnen sagen wollen? Was wir mit ihnen teilen wollen?«, fragte Silvia.

Ich lächelte. »Auch wenn wir die Gefühle anderer Menschen oder das, woran sie glauben, verletzen, so wissen wir tief in unserem Inneren, dass wir es nicht böse gemeint haben, Silvia.«

»Also sind und bleiben wir immer diejenigen, die geben, Sergio?«

»Ja, das werden wir immer sein.«

»Versprichst du mir, dass du dieses Buch schreibst?«

»Versprochen ist versprochen!«

»Danke, mein allerbester Freund«, erwiderte sie, bevor sie mich erneut fragend ansah. »Sergio …?«

»Ja?«

»Weißt du noch, damals, vor vielen Jahren, als ich mit meiner Familie aus dem Viertel weggezogen bin?«

»Wie könnte ich das vergessen?«, gab ich zurück.

»Erinnerst du dich, dass wir es nicht über uns gebracht haben, uns voneinander zu verabschieden, weil es so schmerzlich war?«

»Mir kommt es vor, als sei es erst gestern gewesen.«

»Ich habe dich immer in meinem Herzen getragen, mein lieber Sergio. Und in gewisser Weise hatte ich in den schwierigsten Zeiten meines Lebens immer das Gefühl, dass du bei mir bist, so wie jetzt auch.«

»Auch du warst mein ganzes Leben lang bei mir, Silvia. Allein die Erinnerung an dich hat mir die Kraft gegeben, meinen Weg weiterzugehen. Dessen bin ich mir jetzt bewusst.«

»Das ist schön zu wissen«, sagte sie. Ihre Stimme verklang, ihr Blick verschwamm am Horizont.

»Freie Seelen für immer?«, fragte sie leise.

»Für immer und ewig, Silvia.«

»Würdest du dich bitte neben mich legen und mir einfach nur die Hand halten?«
»Bis du eingeschlafen bist, allerliebste Freundin.«

~

Es wurde Nacht. Silvia schlief bereits tief. Vorsichtig stand ich auf, gab ihr sanft einen Kuss und bat die Krankenschwester, nach ihr zu sehen.
Am nächsten Tag sollte ich erfahren, dass Silvia, noch während ich bei ihr gewesen war, in ein tiefes Koma gefallen war, aus dem sie nicht mehr erwachen sollte. Am Morgen war sie verstorben.

~

Silvias Asche sollte an einem schönen kleinen Strand verstreut werden, wo wir so oft mit wilden Delfinen geschwommen waren.
In einem kleinen Boot fuhren wir hinaus, nur die Familie und die engsten Freunde. Als die Delfine schließlich angeschwommen kamen und das Boot umrundeten, streuten wir Silvias Asche in die ruhige See. Ich zog einen Zettel aus meiner Sakkotasche und zündete ihn an. Das brennende Papier verfiel zu Asche und rieselte auf das Meer zu den Überresten meiner Freundin.
»Hattest du etwas auf diesen Zettel geschrieben,

Sergio?«, fragte mich Silvias Mutter und nahm meine Hand.
»Ja.«
»Verrätst du mir, was?«
Ich sah die Delfine an, die uns umgaben. Plötzlich bekam ich Lust, ins Wasser zu springen, eine Weile mit den Tieren zu spielen und zum letzten Mal Silvias Präsenz um mich herum zu spüren, und ich weinte wie ein Kind.
Schließlich verabschiedete ich mich von Silvia. Ich bat die Delfine, gut auf ihre Asche und Seele aufzupassen, und stieg wieder ins Boot. Silvias Mutter reichte mir ein Handtuch.
»Sagst du mir nun, was du geschrieben hast?«
Ich umarmte sie und antwortete: »*Versprochen ist versprochen, Silvia.*«

Und hier ist es nun, für dich, Silvia, und für alle, die noch an die Magie dieser Welt glauben: Das Geheimnis unseres wahren Glücks

Deine Wahrheit.
Meine Wahrheit.
Deine Gedanken.
Meine Gedanken.
Meine Hand wird nun einfache Worte niederschreiben, aber deine Stimme, Silvia, dein schlagendes Herz wird meine Hand führen. Ich will so schreiben, als wären wir vereint, in Körper und Geist, denn das sind wir noch immer. Ich werde erzählen, wie ich das Leben sehe, und diese Worte, die hier schwarz auf weiß zu lesen sein werden, könnten genauso gut von dir stammen.
Alles, was wir gelernt haben, während wir – meist jeder für sich – über fünfzig Jahre lang den unkonventionellen Weg beschritten, soll nun preisgegeben werden. Einige Jahre lang liefen wir mit

der Masse, kämpften dabei jedoch stets um unser wahres Ich, während die Gesellschaft, in die wir hineingeboren wurden, immer massiver versuchte, uns ein für allemal ihre Regeln aufzuzwingen. Mitunter gaben wir nach, weil wir es leid waren, »Sonderlinge« zu sein. Aber wenn ich jetzt zurückblicke, bin ich dem Leben dankbar, dass es mir Zeiten bescherte, in denen ich straucheln, Fehler machen und mich wieder dem Alltag stellen musste. Ich weiß, dass du die gleichen Fehler gemacht hast, Silvia. Doch wäre es nicht so gewesen, hätten wir nie gelernt, dass es manchmal keine Schande, sondern ein Segen ist, anders zu sein als die Mehrheit. Dass wir uns damit auf eine Reise ins Ich machen, von der ich – und auch du – nie geträumt hätte, dass es sie gibt, wenn wir den weniger begangenen Weg nehmen, wenn wir auf die Stimme unseres Herzens hören und immer an das Kind denken, das bis zu unserem letzten Atemzug in uns wohnt, sofern wir es zulassen.

~

Nun ist es fast zwanzig Jahre her, Silvia, dass ich endlich die letzten Ketten gesprengt habe, die meine Seele daran gehindert hatten, frei zu leben. Eines schönen Morgens hörte ich während einer »wichtigen« geschäftlichen Besprechung weit weg von dem Land, in dem ich geboren wurde, eine innere

Stimme und traf eine Entscheidung, die mein ganzes Leben verändert hat.

Ich erinnere mich noch an diesen Moment, als sei es gestern gewesen, an diese entscheidende Sekunde, in der ich gegen alle Regeln der Gesellschaft, in die ich hineingeboren wurde, aufbegehrt und endgültig beschlossen habe, nicht mehr zurückzublicken, sondern fortan endlich so zu leben, wie ich es schon immer gewollt hatte – indem ich meine Träume verwirklichen, schonungslos ehrlich mit mir selbst sein, wahrhaftig sein, auf die Stimme meines Herzens hören und mich nicht darum scheren würde, was andere meinen oder sagen.

Heute wissen wir beide, Silvia, dass dieser Moment gekommen ist, weil wir uns unser ganzes Leben lang auf genau diesen kritischen Wendepunkt vorbereitet hatten, wahrscheinlich ohne es überhaupt zu wissen. Dank meiner Liebe zu meinem Bruder, dem Ozean, konnte ich die schwierigste Entscheidung meines Lebens treffen. Denn schon von klein auf folgte ich den Wellen rund um die Welt, als echter »Soul Surfer«, für den die Liebe zu wogenden Wasserwänden nicht nur eine Möglichkeit darstellt, sich frei zu fühlen, sondern mit einer Lebensphilosophie verbunden ist, die es einem erlaubt, auf magische Art und Weise Dinge zu entdecken, die man manchmal nicht sehen, riechen, schmecken oder berühren, sondern nur fühlen kann. Und indem man diese kurzen, magischen Momente reiner

Erleuchtung erlebt, begibt man sich auf eine Reise zu umfassendem Seelenfrieden und wird eins mit dem Universum.

Mein Leben ist voller schöner Augenblicke, wunderbarer Erfahrungen und, warum sollte ich es nicht sagen?, trauriger Momente, wie sie wohl jeder Mensch erlebt. Doch ungeachtet dessen, ob ich nun glücklich oder traurig bin, habe ich gelernt, mich in beiden Situationen lebendig zu fühlen. Ich habe mein eigenes wahres Glück gefunden.

Ja, Silvia, du hattest recht. Wie bei allem, was ich in meinem Leben getan habe, muss ich auch jetzt das Risiko eingehen, meine Seele und meinen Geist vollständig zu entblößen, wenn ich meinem Inneren Ausdruck verleihen möchte. Ich habe das Gefühl, ich muss es tun. Nicht für andere, sondern für mich. Und für dich. Sollte es mir gelingen, auch nur einen einzigen Menschen dazu zu bewegen, sein bisheriges Leben zu überdenken, habe ich meine Aufgabe erfüllt.

Versprochen ist versprochen, Silvia.

Ruhe in Frieden, meine Freundin und Seelenschwester.

~

Um Silvia ihren letzten Wunsch zu erfüllen, ging ich zu meiner kleinen Hütte, die sich an einem abgelegenen Strand im Süden jener Stadt befindet, in der ich lebe. Einen besseren Ort, um zu schreiben und um mein Herz und meine Seele in Worte zu kleiden, könnte ich mir nicht vorstellen. Dort bin ich umgeben von den einfachen Dingen des Lebens, die offenbaren, wer ich wirklich bin: bezaubernde Sonnenuntergänge, unverfälschte Natur, Delfine und Möwen überall um mich herum. In dieser Abgeschiedenheit kann ich ganz ich selbst sein. Dort brauche ich nichts weiter als eine Tasse Kaffee, meine Surfbretter, meine Gitarre und ein wunderschönes Bild, das Silvia mir einmal schenkte – das erste Bild, das sie gemalt hat, nachdem sie ihre Stelle gekündigt hatte, und auf dem eine Möwe zu sehen ist, die der Sonne entgegenfliegt.

Lass uns hoffen, Silvia, dass die einfachen Worte eines einfachen Menschen auf fruchtbaren Boden fallen…

Wer nicht glücklich mit sich selbst ist, kann nie wirklich glücklich sein. Wer sich selbst nicht liebt, kann auch keine Liebe schenken.

Klingt das egoistisch? Womöglich gar arrogant? Nichts läge der Wahrheit ferner.
Vor etlichen Jahren, als ich mich noch nach vielen Regeln der westlichen Welt, in der ich lebte und noch immer lebe, richtete, war ich oft verärgert oder frustriert, wenn jemand etwas tat oder schaffte, was mir selbst nicht gelang. Ich lebte in ständiger Konkurrenz mit allen anderen, weil mir damals noch nicht bewusst war, dass ich selbst der einzige Mensch bin, mit dem ich ein Leben lang konkurrieren sollte.
Wenn ich nun an diese Zeiten zurückdenke, als ich der Schnellste und Klügste sein wollte, derjenige mit den meisten Freunden, akzeptiert und respektiert von meinem Umfeld, dann wird mir klar, wie falsch ich lag. Es wird immer jemanden geben, der

mehr oder weniger erreicht hat als ich, aber das darf keine Rolle spielen. Ich glaube, ich sollte in erster Linie danach streben, ein besserer Mensch zu werden, egal, was um mich herum geschieht, und musste begreifen, dass ich, unabhängig von meinem Äußeren, eine vollkommene Schöpfung der Welt bin.

Also hörte ich ganz einfach auf, mich mit anderen Menschen zu vergleichen, und versuchte stattdessen, Qualitäten in ihnen zu erkennen und von ihnen zu lernen.

Jeden Morgen mit einem Lächeln auf dem Gesicht zu erwachen, in den Spiegel zu blicken, glücklich zu sein, mich selbst als denjenigen zu akzeptieren, der ich bin, egal, was andere denken oder sagen mögen, ist ein wunderbares Gefühl. Denn um andere wirklich so zu lieben, wie sie sind, muss ich erst lernen, mich so zu lieben und anzunehmen, wie ich bin, und jeden Tag versuchen, ein besserer Mensch zu sein als zuvor. Ich muss demütig genug sein, um zu begreifen, dass ich mein ganzes Leben lang das ein oder andere falsch machen werde. Doch statt frustriert zu sein, sollte ich dies akzeptieren, aus Fehlern lernen und mich bemühen, sie in Zukunft nicht zu wiederholen. Ich darf anderen auch nicht die Schuld an meinen Fehltritten und Irrtümern geben und muss mir jeden Morgen vor dem Spiegel versprechen, dass ich heute mein Bestes geben und etwas Besonderes tun werde, etwas, das aus mir einen besseren Menschen macht. Und fast ohne es zu merken, werde ich eines Tages feststellen, dass ich gar nicht so hässlich oder schlecht bin, wie ich dachte – dann kann ich endlich die Vergangenheit hinter mir lassen. Ich möchte, dass man mir vergibt, und möchte auch selbst vergeben, ich will im Hier und Jetzt leben und freue mich auf die Träume, die die Zukunft vielleicht für mich bereithält. Ich möchte eine rundum positive Einstellung zum Leben haben, mit all seinen Sorgen und Nöten, aber auch all seinen glücklichen und fröhlichen Augenblicken, die es lebenswert machen. Nur dann kann ich lieben, was ich im Spiegel sehe.

Wir lernten es, Silvia. Staunend fanden wir heraus, dass wir uns selbst in völliger Demut und Akzeptanz so lieben konnten, wie wir waren. Als dieser magische Moment der Erleuchtung jede Zelle unseres Körpers mit absoluter Erkenntnis erfüllte, ohne dass wir es überhaupt wahrnahmen, konnten wir endlich beginnen, alle anderen Menschen zu lieben, ohne uns darum zu kümmern, wie sie aussahen, was sie dachten, was sie taten. Wir bemerkten, wie viele wundervolle Menschen uns umgaben, und akzeptierten auch jene, die von ihrem Weg abgekommen waren, ohne sie zu hassen oder ihnen ihre Fehler vorzuwerfen.

Endlich verstanden wir, Silvia, du und ich, was Liebe wirklich bedeutet.

Klingt das egoistisch? Womöglich gar arrogant? Nichts läge der Wahrheit ferner. Das wissen wir jetzt…

Vergiss niemals das Kind, das du einst warst und noch immer sein kannst, wenn du es einfach nur zulässt.

Erinnerst du dich, Silvia, als wir Kinder waren und in derselben Nachbarschaft lebten? Du bist immer auf den kleinen Baum neben meinem Fenster geklettert und hast einen Kieselstein gegen das zerbrechliche Glas geworfen, damit ich wusste, dass du da warst. Jedes Mal lächelte ich, öffnete das Fenster und kletterte mit dir den Baum hinunter. Dann rannten wir zu den Klippen, um an unserem geliebten Meer zu sein, um frei zu sein wie der Wind, um zu spielen, zu lachen, uns schmutzig zu machen und uns einfach richtig treiben zu lassen!
Wann hat sich denn das alles geändert, Silvia? Wann?
Wann haben wir diese Arglosigkeit verloren, die ganz selbstverständlich in einem reinen Herzen wohnt? Wann haben wir angefangen, auf andere

zu hören, statt auf die Stimme unseres Herzens? Wann wurde das Leben kompliziert? Doch die traurigste Frage, die wir uns stellen müssen, lautet: Wann haben wir angefangen, »wie Erwachsene« zu denken?

Eis essen, Verstecken spielen, stundenlang einen farbenprächtigen Kolibri beobachten, einfach nur nebeneinander sitzen, oft auch ohne zu reden, eine Pusteblume pflücken und ihre Samen in den Wind blasen, der sie wer weiß wohin trägt – wann haben all diese wunderbaren Dinge aufgehört, wichtig für uns zu sein? Wann haben wir das Kind, das immer in uns wohnen sollte, zu Bett gebracht?

Ich kann den Moment, die Stunde, den Tag, wann dies geschehen ist, nicht genau festmachen, Silvia. Ich weiß nur, dass es passiert ist. Dir erging es dabei nicht anders als mir. Immer seltener hast du Kiesel an mein Fenster geworfen. Wir haben keine Kolibris mehr beobachtet und nicht einmal mehr der Sonne beim Untergehen zugesehen. Auf einmal störte es uns, dreckig zu sein.

Warum?

Damals hatten wir darauf keine Antwort. Doch mit den Jahren fanden wir schließlich heraus, was geschehen war: Wir waren älter geworden und hatten dabei angefangen, eher auf das zu hören, was andere sagten, als auf unsere innere Stimme. Wir hatten den Zauber, der jedem von uns innewohnt, vergessen, diese einzigartige Freude und Unbeschwertheit, mit der wir alle diese wundervolle Reise, genannt Leben, antreten, das Gefühl, das ich vor langer Zeit die »Sprache der Wahrheit« nannte. Stattdessen füllten Worte wie »Angst« langsam die Hohlräume tief in unserem Inneren. Sie vernebelten unseren Geist und entfernten uns noch weiter von unserer eigenen Wahrheit, weg von der unbekümmerten Freude an schönen Pusteblumen und ihren fedrigen Samen, denen wir einst so gerne dabei zugesehen hatten, wie sie im Wind wirbelten.

Doch am Ende konnte das Leid, das wir verspürten, während unsere Liebe zu den einfachen und wichtigen Dingen des Lebens verloren ging, nicht ewig anhalten, Silvia. Haben wir nicht alle schon einmal solche geheimnisvollen Momente erlebt, in denen uns, gerade wenn wir das Gefühl hatten, für immer unterzugehen oder den Kampf für einen Traum endgültig zu verlieren, eine »Hand« aus dem Nichts gereicht wurde? Ein rettender Anker, der uns immer dann, wenn wir es am wenigsten erwarteten, ungefragt aus dem schwarzen Loch zog, in dem wir alles Vertrauen verloren hatten? Manche nennen es Gott, andere göttliche Macht. Für mich ist es der definitive Beweis, dass ich genau das Leben lebe, für das ich bestimmt bin.

Vermutlich ist es ziemlich gleichgültig, wie wir es nennen, Silvia. Wichtig ist, dass es uns widerfährt.

Den Tag, als du weggezogen bist, Silvia, werde ich nie vergessen.

Du warst fünfzehn. Ich sehe noch vor mir, wie deine Eltern auf der Suche nach neuen Ufern all die Habseligkeiten ins Auto packten, die sie mitnehmen wollten. Später erklärte mir meine Mutter, dass dein Vater eine bessere Stelle in einer anderen Stadt gefunden habe. Deine Familie sei zwar traurig darüber gewesen, ihre Freunde und das Viertel zu verlassen, aber sie habe umziehen müssen, um ein besseres Leben zu führen.

»Aber ich will nicht, dass Silvia weggeht! Das ist ungerecht!«, rief ich und brach in Tränen aus.

Meine Mutter nahm mich zärtlich in den Arm.

»Ich weiß, wie sehr es dich schmerzt«, tröstete sie mich. »Doch denke immer daran, dass das Leben manchmal unergründliche, aber wunderbare Wege geht, und solange Silvia in deinem Herzen lebt, wird sie nie weit weg von dir sein. Nie.«

Ich stand auf und lief zu den Klippen am Meer. Meine Mutter hielt mich nicht davon ab. Sie wusste schon damals, als ich noch ein kleiner Junge war, wann sie mich in Ruhe lassen musste, und dafür bin ich ihr ewig dankbar – wo auch immer sie nun sein mag.

Manche Momente, seien sie auch noch so kurz, bleiben einem in Erinnerung wie eine Blaupause, egal, wie viele Jahre vergehen. Sie begleiten uns auf unserem Lebensweg bis zum letzten Atemzug.

Jener Tag, als du mit deinen Eltern weggezogen bist, Silvia, war ein solcher Moment. Ich war ganz verwirrt und weinte wie ein verlorener, einsamer Junge, denn so habe ich mich damals auch gefühlt. Immer wieder lief ich zu den Klippen, zum Meer, dem einzigen Ort auf der Welt, an dem ich allein sein konnte, ohne mich je einsam zu fühlen. Dort angekommen, setzte ich mich in den Sand vor den brechenden Wellen und weinte, bis ich keine Tränen mehr hatte. Dann blickte ich zum Horizont. Und da sah ich zum ersten Mal in meinem Leben einen Menschen vor einer Wand aus wogendem Wasser stehen. Er glitt über die Welle wie eine Möwe durch die Luft.

Ich konnte meinen Blick nicht mehr von diesem Bild vollkommener Harmonie zwischen Mensch und Natur abwenden.

Das Wellenreiten war in das ferne Land gekommen, in dem wir geboren wurden – und es sollte mein Leben für immer verändern.

Mein Gott, wie recht du hattest, Mom: Das Leben geht unergründliche, aber wunderbare Wege!

Die Stimme meines Herzens

Ja, Silvia. Du weißt es, und ich weiß es. Ich denke, wir alle wissen es. Wenn man eine Weile geübt hat, erweist es sich als so leicht, auf seine innere Stimme zu hören und das Leben auf seine eigene Weise zu leben. Man muss von seinem inneren Selbst lernen, mit ihm wachsen und sein Verhalten nach ihm ausrichten. Dann ist man sich selbst gegenüber absolut aufrichtig und konsequent. Weißt du noch, als ich dir erzählte, wie das Leben aus mir einen Schriftsteller gemacht hatte? Als ich dir gestand, dass ich mit Anfang dreißig wieder in ein schwarzes Loch gefallen war, nur weil ich den Fehler gemacht hatte, ein Leben zu führen, von dem andere meinten, es sei das beste für mich? Ein Leben, das mit einem schönen Haus, einem tollen Wagen und all den schicken materiellen Besitztümern lockte, die man für Geld kaufen kann? Ich wollte damals auf der sicheren Seite bleiben und zog alle möglichen Rechtfertigungen heran, um mich selbst davon zu überzeugen, dass dies das Leben wäre, das ich schon immer leben wollte. Gleichzeitig versuchte ich meinem Herzen und meiner Seele das zu verweigern, von dem wir nun wissen, dass es wahrscheinlich der kostbarste Schatz ist, den ein Mensch überhaupt besitzen kann: die Macht, selbst zu entscheiden, was wir mit der wertvollen Zeit, die uns das Leben schenkt, wirklich anfangen wollen.

Ich erinnere mich noch ganz genau, wie der Vorstandsvorsitzende der Firma, bei der ich gekündigt hatte, bei mir anrief und mich fragte, warum ich einen so lukrativen Job hinschmiss. Und wie ich Kraft und Mut fand, um allen Argumenten und Tricks entgegenzutreten, die ein Mann – doppelt so alt und wohl dreimal so erfahren wie ich – anwenden würde, um mich in das Leben zurückzulocken, das ich so sehr hasste.

Und zwar indem ich mir gar nicht erst überlegte, was ich sagen sollte, sondern beschloss, mein Herz sprechen zu lassen. Aufgrund dieser Entscheidung, die für andere ganz unbedeutend scheinen mag, durfte ich mit Erstaunen erleben, wie dieser kluge Mann, der sein Leben weitgehend gelebt hatte, mir gratulierte und sagte, dass er genau dasselbe getan hätte wie ich, wenn er mit dreißig Jahren gewusst hätte, was er heute weiß.

Ja, Silvia, wir müssen lernen, uns die Zeit zu nehmen, um unsere Träume zu verwirklichen – nicht morgen, sondern heute. Wir kommen mit nichts auf diese Welt und verlassen sie so auch wieder. Einige Menschen brauchen Zeit, um zu begreifen, dass alles, was wir im Leben zu besitzen meinen, schlichtweg nur geborgt ist. Andere werden leider aus dem Leben scheiden, ohne es je erfahren zu haben. Meiner Meinung nach geht es im Leben nicht um Besitztümer, sondern darum, etwas zu erleben und Erfahrungen zu machen. Ich glaube, wahres Glück kann man bereits mit ganz wenigen Dingen finden, wenn man aufhört, sich mit anderen zu vergleichen, seine Träume lebt und mit leichtem Gepäck reist.

An jenem letzten Abend, als du für immer eingeschlafen bist, hattest du das wunderschönste Lächeln, das ich je gesehen habe. In dem kleinen Zimmer mit Meerblick, in dem eine unglaublich friedliche Stimmung herrschte, durfte ich das Lächeln eines Körpers erleben, dessen Seele bereits entwichen war, und sein Ende war wahrhaftig ohne Reue angenommen worden. Ein erfülltes Leben, das voll ausgelebt worden war, mit guten wie mit schlechten Momenten, mit Fehlern und glücklichen Augenblicken, ausgedrückt im demütigen Lächeln eines weisen Menschen, der das Leben gelebt hat, für das er bestimmt war. Ich würde sogar so weit gehen zu behaupten, dass ich mich an das

Lächeln erinnert fühlte, das man eigentlich nur bei einem schlafenden Kind beobachten kann – dieses Lächeln, das ich auch von meinem Sohn Daniel kenne und das mir immer wieder in Erinnerung ruft, was wirklich wichtig ist im Leben.

Und so hast du, meine Seelenschwester, mir auch noch mit deinem letzten Atemzug in dieser Welt etwas überaus Wichtiges vermittelt, das ich eines Tages zu erreichen hoffe: mir meine Lebensfreude beizubehalten bis zu dem Tag, an dem ich sterbe; so zu leben, dass ich, wenn der Augenblick gekommen ist und ich diese Welt verlassen muss, das Gefühl habe, nicht nur ein Leben gelebt zu haben, sondern tausend.

Der weitverbreitete Glaube, man müsse sich anpassen

Ja, Silvia, ich meine damit dieses begierige und jämmerliche Bestreben, alles zu tun, damit wir in die Gesellschaft »hineinpassen«, in der wir leben. Die schreckliche Angst, sich einsam zu fühlen, wenn wir uns nicht dem Rudel anschließen. Die Panik, nicht zu Partys eingeladen zu werden oder falsch gekleidet zu sein. Die Sorge, dass die eigene Kleidung nicht dem Standard entspricht, der von den Modelabels vorgegeben wird und nach dem man sein Äußeres richten soll. Nimm zum Beispiel ein hübsches, schlankes Model, es sieht aus wie ein Püppchen und geht in Kleidern, die irgendein berühmter Modeschöpfer kreiert hat, über den Laufsteg einer Modenschau. Doch all der Glanz des Augenblicks erlischt, sobald man weiß, was diese Models aushalten müssen. Sie sind Gefangene ihres eigenen Körpers und Aussehens. Noch eine Kalorie weniger, und sie sind magersüchtig. Geht man hingegen in ein Kunstmuseum, sieht man gleich, dass die meisten Frauen, die berühmte Maler vor zweihundert Jahren auf ihren Werken verewigten, ziemlich füllig waren. Denn damals war das, was wir heute »dick« nennen, ein Schönheitsideal und Fruchtbarkeitssymbol.

Was lernen wir also daraus? Ganz einfach: Betrachtet man die historischen Veränderungen über die Epochen, begreift man, dass die Gesellschaft die Mode in jeder Hinsicht diktiert. Es ist wie im Krieg – wir werden mit kommerziellen Raketen beschossen, die uns vorschreiben, wie jung wir auszusehen, wie wir uns zu kleiden haben, was politisch korrekt und inkorrekt ist. Man hat uns in ein Gefängnis gesteckt, in dem wir miteinander konkurrieren müssen; dabei vergessen wir oft, was wirklich wichtig ist, zumindest für Menschen wie dich und mich, Silvia: wie wir uns fühlen und was wir gern tun, auch wie wir uns kleiden wollen. Ich habe selbst miterlebt, wie wir zu Robotern gemacht werden, damit wir angepasst sind und als Teil der Gesellschaft akzeptiert werden.

Als ich noch für einen großen internationalen Konzern arbeitete, brauchte ein Mann einen modischen Anzug, eine elegante Krawatte und eine Rolex, um akzeptiert zu sein. Nun aber bin ich Schriftsteller und Künstler. Ich kann mich noch genau an die letzte Hochzeitsfeier erinnern, zu der wir beide eingeladen waren, Silvia.

Die gesellschaftlichen Kreise einer Stadt sind klein, jeder kennt jeden. Ich war erstaunt, als du mir sagtest, dass es keine Kleiderordnung gab, sondern wir einfach etwas »Legeres« tragen sollten, in dem wir uns wohlfühlten. Also zog ich meine treue, alte Jeans, bequeme Schuhe und einen schlichten Pullover an und band mir ein Tuch um den Kopf. Du, Silvia, hast dich ein wenig mehr getraut – weißes T-Shirt, roter Schal, alte Jeans mit Löchern (wie Jugendliche sie zu jener Zeit trugen).

Als wir nach der Trauung zur Party gingen, wirkte der Mann mit der Gästeliste ein bisschen verwirrt. Aber wir standen auf der Liste, und er ließ uns hinein.

Als die Leute sahen, was wir anhatten, durchbohrten ihre Blicke uns wie Nadeln. Wir passten nicht dazu! Was für eine Unhöflichkeit gegenüber dem frisch vermählten Paar! Welch ein Affront! Doch dann ging auf einmal ein Raunen durch die Menge. Jemand hatte dich erkannt – du warst die bekannte Malerin, ich der Schriftsteller. Binnen einer Sekunde änderte sich alles. Von allen Seiten riefen die Gäste, die sich nun um uns versammelten und sich darum rissen, zusammen mit uns abgelichtet zu werden, dem Fotografen zu. Ich kannte nur wenige Leute, aber ich lächelte immer, wenn jemand fragte, ob er sich mit mir fotografieren lassen dürfe. Und durch die lärmende Menge hörte ich die Stimme meines Herzens:

»Siehst du, Sergio, sie wollen mit dir fotografiert werden, weil du in ihren Augen berühmt bist und Millionen Bücher verkauft hast. Ohne sich dessen bewusst zu sein, haben sie dich zu einer Ikone gemacht, doch du weißt, dass du das nicht bist. Sei also vorsichtig, denn du könntest dir ihre Meinung sehr leicht zu eigen machen! Und dann wärst du wieder in ein Leben eingebunden, das nicht für dich vorgesehen ist.«

Ich weiß, dass du es auch gehört hast, Silvia. Und wir haben Folgendes daraus gelernt: Egal, in welcher Situation wir uns befinden, ob wir uns für einen Beruf entscheiden müssen oder etwas für schöne Kleider übrig haben und uns gut anziehen möchten – immer sollten wir etwas tun, weil es uns glücklich macht, nicht, um andere zu beeindrucken.

~

Gegen elf Uhr abends wollte ich nach Hause gehen. Ich umarmte meine lieben Freunde, die nun frisch verheiratet waren, und wünschte ihnen das Beste, während viele Gäste den Moment mit ihren Kameras festhielten. Ich verabschiedete mich von Silvia, ging in aller Ruhe zu meinem Wagen und fuhr direkt zum Strand in der Nähe meiner Wohnung.

Allein. Ich zog meine Schuhe aus und ging barfuß durch den feuchten Sand. Dabei beobachtete ich ein, zwei Möwen, die mich in der dunklen Nacht umkreisten, und dachte: Ich komme gerade von einem Ort, wo ich nicht hinpasste, doch nun, bei meinem Bruder, dem Ozean, fühle ich mich sicher. Ich fühle mich wieder zu Hause. Warum sollte ich also weiterhin Dinge tun, von denen ich weiß, dass sie nicht Teil meines Lebensentwurfs waren? Nur um von anderen akzeptiert zu werden? Ich weiß, dass ich geboren wurde, um zu geben, nicht, um zu nehmen. Also freute ich mich für die Leute, weil sie glücklich waren, ein Andenken an ein Zusammentreffen mit einem Mann zu haben, den sie für einen »berühmten« Schriftsteller hielten. Doch tief in meinem Inneren war ich mir nicht so sicher, ob ich diese Fremden glücklich gemacht oder ihnen vielleicht sogar geschadet hatte.

Ein halbes Jahr später hörten wir, dass das jungvermählte Paar sich getrennt hatte. Daraufhin beschloss ich, zur nächsten Hochzeit von Freunden, zu der ich eingeladen wäre, lieber ein kleines Geschenk zu schicken, sie anzurufen und alles Gute zu wünschen, anstatt zum Fest zu gehen. Wenn es wahre Freunde sind, werden sie das verstehen. Wenn nicht, müssen sie mich trotzdem so nehmen, wie ich bin. Denn zumindest für mich ist es das Allerwichtigste, mir selbst treu zu sein. Und Scheidung ist in meinen Augen eine der sich am schnellsten ausbreitenden Krankheiten unserer Gesellschaft.

Ja, Silvia, wenn man in wahrer Ausgeglichenheit leben will, sollte das Leben auf Prinzipien beruhen, nicht auf Traditionen.

Rückblick

Warum glauben so viele Menschen, dass die »gute, alte Zeit« immer in der Vergangenheit liegt, Silvia? Überall höre ich das – als verändere sich die Welt immer nur zum Schlimmsten. Warum können wir nicht erkennen, dass gute und schlechte Zeiten lediglich Teil des ewigen Kontinuums von Vergangenheit, Gegenwart und Zukunft sind?
Ich weiß darauf keine Antwort, Silvia. Ich kenne nur meine eigenen Gedanken, die auf dem Leben gründen, das ich führe und geführt habe.
Das Leben ist für mich wie die Jahreszeiten. Der Frühling ist unsere Kindheit. Der Sommer kommt, wenn wir beginnen, nach unseren Träumen zu greifen. Der Herbst steht für diese besondere Zeit, wenn wir ein wenig kürzer treten, innehalten, entspannen und unser bisheriges Leben überden-

ken – was wir erreicht, welche Fehler wir gemacht, was wir gelernt haben. Vielleicht haben uns schlechte Erfahrungen und Fehler ein bisschen klüger gemacht und für kommende Herausforderungen abgehärtet. Wir entsinnen uns der Zeiten, da andere uns verletzt haben, genauso wie des Glücks dieser magischen Augenblicke, die auch noch nach langer Zeit im Fotoalbum unserer Erinnerungen kleben.

Wenn ich zurückblicke, Silvia, und mir die Zeit nehme, mich an alles Gute und Schlechte zu erinnern, das mir widerfahren ist, so glaube ich wirklich, dass das Leben immer schön sein kann, egal, wie alt man ist. Hauptsache, die Einstellung zum Leben stimmt. Gerade im Moment, da ich dabei bin, das Versprechen einzulösen, das ich dir gegeben habe, und alles in Worte zu fassen, sehe ich von meiner Wohnung aus ein majestätisches Meer. Ein paar Segelboote nutzen die leichte Brise und kreuzen friedlich gen Horizont. Ich lausche der CD mit der beruhigenden griechischen Musik, die du mir einmal geschenkt hast, während meine hübsche Seelenfreundin frische Lasagne in der offenen Küche zubereitet, die auch einen herrlichen Blick aufs Meer bietet. Das Zimmer ist erfüllt vom Duft nach Knoblauch, Zwiebeln und Paprika.

Ja, Silvia, es gibt gute, schlechte, schwierige und wundervolle Momente. Und wenn ich mein bisheriges Leben betrachte, wird mir bewusst, dass sich daran auch nie etwas ändern wird. Du, Silvia, hast mir aber klargemacht, dass Zeit nichts mit dem zu tun hat, was uns widerfährt oder was um uns herum geschieht. Der Schlüssel für ein einträchtiges Leben liegt in uns selbst, nicht außerhalb von uns. Das Alter ist unbedeutend. Ob für uns das Glas halb voll oder halb leer ist, hängt davon ab, wie wir denken und handeln. Ob wir Gut und Schlecht als Teil des Lebens begreifen. Ob wir immer eine positive Einstellung haben, das Schlechte vergessen und uns an das Gute erinnern, das das Leben uns geschenkt hat. Ob wir aus unseren Fehlern lernen, in den Spiegel blicken können und glücklich sind über das, was wir sehen.

Ja, am Ende erntet man, was man gesät hat, Silvia. In der Weltgeschichte beträgt unsere Lebenszeit lediglich den Bruchteil einer Sekunde.

Die Welt wird sich unaufhörlich verändern – jedoch nicht zum Besseren oder Schlechteren. Sie verändert sich einfach nur laufend. So ist es eben, und tief in meinem Inneren habe ich gelernt, dies zu akzeptieren.

»Und was ist der Winter, Sergio?«, hast du mich einmal gefragt. Dieses Wort habe ich aus meinem Wortschatz gestrichen, wenn ich über das Leben spreche.

Ich hoffe, wünsche und werde mein Möglichstes dafür tun, dass der Winter nicht in mein Leben tritt, Silvia. Auch an deine Tür hat der Winter nie geklopft, weil du bis zur letzten Sekunde dein Leben in vollen Zügen genossen hast.

Der wahre Sinn meines Lebens

In wie vielen Nächten und Momenten unseres Lebens haben wir uns die gleiche alte Frage gestellt, Silvia? Wie oft?
Der Sinn des Lebens. Die ewige Frage, die im Raum steht, seit der erste Mensch auf Erden des Denkens fähig war. Was tun wir hier? Wer sind wir? Was ist unser Daseinsgrund?
Weißt du noch, wie viele Bücher wir gelesen haben? Wie wir versucht haben, Antworten bei Wissenschaftlern, Philosophen, religiösen Menschen und auch Agnostikern zu finden? Und doch hatten wir das Glück zu erkennen, dass man, um den wahren Sinn des eigenen Lebens zu finden, gar keine Bücher lesen und nach komplizierten Antworten suchen muss, die einen am Ende nur ins Straucheln bringen und noch mehr Verwirrung stiften.

Man muss sich einfach nur befreien, die Ketten sprengen, die einen an ein Leben binden, das nicht zu einem passt. Man muss sich nur vom offenen Buch des Lebens zu seinen Träumen und in sein letztendliches Schicksal führen lassen.

Den wahren Sinn des eigenen Lebens, Silvia, findet man nur nach einer langen, beschwerlichen Reise. Zuerst muss man sich von allen Regeln und Traditionen freimachen, die uns so viele Jahre lang von der Gesellschaft eingebläut worden sind. Es ist wie Zwiebelschälen: Man entfernt die jeweils äußere Schicht, bis man am Ende zum Herz der Zwiebel vorgedrungen ist, in dem der verborgene Keim liegt. Und während man Schicht für Schicht abschält, tränen einem die Augen, denn zu spirituellem Wachstum gehört mitunter auch Leid. Große Entscheidungen ziehen große Veränderungen nach sich, und so geschmeidig man sich die Reise auch wünscht, wird an irgendeinem Punkt unweigerlich die Trauer den Weg kreuzen. Man wird stolpern oder sogar fallen. Um zwei Schritte vorwärts zu machen, muss man einen zurückgehen. Man muss das nicht verstehen – Logik führt nicht immer zum richtigen Schluss. Richtig ist, was das Herz der Seele zuflüstert. Das hast du mir beigebracht, Silvia. Und um klar zu sehen und dem näher zu kommen, was wir uns wirklich wünschen – dem Kern unserer wahren Persönlichkeit –, müssen wir zu allererst wissen, was wir im Leben *nicht* wollen.

Kämpfe nie gegen dich selbst an, hast du immer zu mir gesagt, Silvia. Lerne, dir selbst der beste Freund zu sein, und vertraue auf dich. Denn du allein bist der einzige Mensch, der dein ganzes Leben lang bei dir ist. Du selbst bist der beste Führer zu jenem bestimmten Stern, den du suchst. Und wenn du am wenigsten damit rechnest, wirst du endlich die Welt so sehen können, wie sie immer war. Sie war immer da, vor deinen Augen, und hat darauf gewartet, dass du ein Teil von ihr wirst. Wenn du in einem solchen Moment das große Glück hast, am Strand oder auf einem Berggipfel zu sitzen, oder auch wenn du in einer klaren Nacht spazieren gehst und deine Lungen mit frischer Luft füllst, wirst du am Himmel einen neuen Stern entdecken, der gerade geboren wurde, deinen eigenen, einzigartigen Stern. Dann trittst du die Entdeckungsreise nach dem wahren Zweck deines Daseins an. Die Last des Rucksacks voller Zweifel und Ängste, den du mit dir trägst, wird immer weniger spürbar sein, und jedes Mal, wenn du einen Schritt zurück machst, wird es dir sehr viel leichter fallen, wieder zwei oder auch drei Schritte nach vorn zu machen, bis du nicht mehr weißt, ob du nun rückwärts oder vorwärts gehst. Doch der Weg, den du nach den Vorgaben deines Herzens eingeschlagen hast, wird sich mit jedem neuen Tag deutlicher abzeichnen, der Urwald, der diesen einzigartigen Pfad umgibt, wird sich langsam auflösen.

Der Lärm, der die Stimme deines Herzens übertönt hat, wird nach und nach verebben, und eines Tages wirst du ganz unverhofft einen Weg vor dir sehen, der kein Ende zu haben scheint. Denn das Leben ist wie ein noch ungeschriebenes Buch. Mit deinen Fußabdrücken wirst du deine Geschichte in trockene Erde und saftiges Grün schreiben. Du wirst dabei nicht mehr das Bedürfnis haben, Schuhe zu tragen. Barfuß wirst du nämlich den immer geltenden wahren Sinn deines Lebens nicht nur besser verstehen, sondern auch in jeder Zelle deines Köpers spüren können.

Dann, und nur dann, wirst du bereit sein, deine Flügel zu spreizen und die Reise hin zum magischsten Abenteuer überhaupt anzutreten: der wahren Bedeutung von Liebe.

Das habe ich von dir gelernt, Silvia, und danach habe ich zu leben versucht.

Immer in Eile, immer zu spät. Wir rennen von einem Ort zum anderen und kommen doch nirgends an.

Warum haben wir es immer eilig, liebe Silvia? Warum rasen wir durch diese wundervolle Lebensreise, ohne uns eine Pause zu gönnen, um vielleicht an einer Rose zu schnuppern, im feuchten Sand am Strand zu sitzen, barfuß durch weiches, grünes Gras oder den Wald zu gehen und darüber nachzudenken, wohin wir streben? Warum reisen wir nicht an diesen fernen Ort, den wir schon immer besuchen wollten, es aber nie getan haben, weil wir immer zu beschäftigt waren, zu viel zu tun hatten? Wann sind wir so verantwortungsbewusst geworden, dass wir unsere Träume auf die Zukunft verschoben haben? Schließlich weiß ja keiner, ob wir morgen noch auf dieser Erde weilen werden.

Wann haben wir angefangen, jeden Tag ein bisschen zu sterben, während wir noch am Leben sind?

In der Geschäftswelt gibt es einen Begriff, der in den letzten zwanzig Jahren groß in Gebrauch gewesen ist: Wettbewerbsfähigkeit. Damit eine Firma im Dschungel der Geschäftswelt überlebt, muss sie Kosten senken, die Mitarbeiter härter arbeiten lassen und immer mehr produzieren. Sie muss scharf beobachten, was die Konkurrenz macht und alle verfügbaren Technologien einsetzen, damit sie die »Gewinnmargen« erzielt, die sie braucht, um finanziell liquide zu bleiben. Alles dreht sich um das, was »unterm Strich« herauskommt.

Früher einmal war ich Teil dieser Welt, Silvia. Du auch. Mein Tag begann sehr früh am Morgen. Er war bereits durchgeplant mit Besprechungen und Geschäftsessen, die morgens, mittags und abends stattfanden. Immer sah ich auf die Uhr, damit ich zum nächsten Termin auch ja nicht zu spät käme, und ich war felsenfest davon überzeugt, dass meine Arbeit überaus wichtig und ich somit unersetzlich wäre.

Ich trank einen Kaffee nach dem anderen. Zwischendurch blieb mir vielleicht mal eine halbe Stunde, um ins Fitnessstudio zu eilen, neue Geschäftsideen zu entwickeln, manchmal auch Verträge aufzusetzen und abzuschließen. Ich rannte immerzu, nur um am Ende nach Hause zu kommen, ins Bett zu gehen, vielleicht noch die Spätnachrichten zu schauen und am nächsten Tag wieder von vorn zu beginnen.

Warum musste ich all das tun? Wurde am Tag meiner Geburt ein Pakt geschlossen, in dem stand, dass ich genau das ein Leben lang tun müsste? Und wofür? Früher oder später würde ein jüngerer und klügerer Kollege mit neuer Energie kommen und mich schließlich ersetzen, wenn ich nach Jahrzehnten harter Arbeit alt und müde wäre.

Ja, Silvia, jahrelang habe ich in dieser Hölle auf Erden gelebt, aber Gott sei Dank nicht allzu viele Jahre. Ich war einer der Glücklichen, die eines Tages feststellen, dass es noch mehr im Leben gibt als das, was man ihnen beigebracht hatte: eine Ausbildung machen, eine Stelle bekommen, hart arbeiten, heiraten, Kinder und – wenn man Glück hat – Enkel bekommen. Irgendwann geht man in Rente und sieht zu, wie die eigenen Kinder groß werden, eine Ausbildung machen, eine Stelle bekommen, hart arbeiten, heiraten, Kinder und – wenn sie Glück haben – Enkel bekommen. Und so geht immer alles wie in einer Endlosschleife wieder von vorn los.

Doch ich erinnere mich noch ganz genau an einen weisen Rat, den du mir in einem unserer wundervollen Gespräche gegeben hast. Da waren wir bereits erwachsen und hatten denselben Fehler gemacht. Du hast gesagt, dass jene Lebensweise eine persönliche Entscheidung sei, keine Verpflichtung, und dass daran nichts verkehrt sei, solange man wirklich das Gefühl habe, dass dies der Sinn des eigenen Lebens sei.

Wie recht du hattest! Dank dir begriff ich endlich, dass es nicht falsch ist, diesen oder auch irgendeinen anderen Weg zu gehen, solange es das ist, was man aus seinem Leben wirklich machen will, und dabei berücksichtigt, was andere denken. Doch wir stellten auch fest, dass man eine andere Wahl treffen kann, dass es viele verschiedene Möglichkeiten gibt, ein erfülltes Leben zu führen. Auf meinen Reisen um die Welt konnte ich beobachten, dass Menschen aus anderen Ländern ganz anders leben als wir, die wir im Westen geboren wurden, es vorgelebt bekommen. Im Himalaja gibt es beispielsweise keine Fernseher, keine DVD-Player, keine iPods, iPads und sonstiges iZeug. Dennoch sind die Menschen in diesen so fern erscheinenden Ländern dem wahren Sinn des Lebens sehr nahe. Sie gehen langsamer, sie arbeiten nicht so viel, sie nehmen sich Zeit für ihre Familie und sogar für sich selbst. Man muss nur in ihre lächelnden Augen sehen und weiß, wie glücklich sie sind. Diese Menschen umgibt eine wunderbare Aura von innerer Ruhe und Gelassenheit.

Du, Silvia, hast mir geholfen zu verstehen, dass wir mit nichts auf diese Welt kommen und sie so auch wieder verlassen. Wir nehmen einzig die Erinnerungen an die Träume mit, die wir verwirklicht haben, an die Menschen, denen wir geholfen haben in dem Versuch, diese Welt zu einem besseren Ort zu machen. Und wenn wir Glück haben, entschlafen wir in den ewigen Traum mit diesem hübschen Lächeln, das ich bei dir gesehen habe, als du aus dieser Welt geschieden bist.

Einmal habe ich eine Weisheit gehört, die ich seitdem immer im Herzen trage:

»Als du geboren wurdest, hast du geweint und alle haben gelächelt. Wenn du einmal gehst, dann werden hoffentlich alle weinen und du wirst als Einziger lächeln.«

Geben und Nehmen

Wenn wir beide etwas gelernt haben, meine geschätzte Silvia, dann die Tatsache, dass es in der Welt, in der wir leben, zwei Arten von Menschen gibt: diejenigen, die geben, und jene, die nehmen.
Über dieses Thema haben wir oft wunderbare Gespräche geführt, und am Ende hat uns das offene Buch des Lebens recht gegeben.
Menschen, die gern geben, fühlen sich gesegnet mit dem, was sie haben. Sie sind nicht der Meinung, dass ihnen das Leben etwas schuldig sei. Für sie ist alles, was das Leben einem gibt, ein Geschenk, das man immer in Ehren halten sollte. Solche einfachen, bescheidenen Menschen freuen sich, wenn sie etwas für einen anderen tun können, ohne eine Gegenleistung zu verlangen. Sie sind die wahren Hüter der Hoffnung und des Sinnes für die einfachen Dinge im Leben. Sie leben in Harmonie und schätzen aufrichtig das, was sie haben.

Und wenn das Leben ihnen aus irgendeinem Grund mehr schenkt als das, was sie brauchen oder erwarten, dann haben sie das Bedürfnis, es mit anderen zu teilen.

Wieso gibt es solche Menschen, Silvia? Wieso können diese wundervollen Geschöpfe in dieser manchmal brutalen, egoistischen Welt jeden Sturm, jedes Problem meistern, mit dem sie auf ihrer Lebensreise hier auf Erden konfrontiert werden? Immer lächeln sie, in guten wie in schlechten Zeiten, immer geben sie und erbitten nichts zurück. Sie sehen ein verletztes Tier und können es nicht ignorieren, sie müssen etwas unternehmen. Ihr Wille zu geben und zu helfen ist stärker als ihre eigenen Bedürfnisse und Interessen. Sie gehen einen Schritt weiter, auch wenn sie nicht dazu verpflichtet sind, und das unterscheidet sie von anderen.

Leider werden solche Menschen in dieser unserer mitunter habgierigen Welt ausgenutzt. Dennoch machen sie immer weiter so, obwohl sie manchmal enttäuscht oder traurig sind und sich betrogen fühlen. Sie geben und vergeben, immer mit einem Lächeln auf den Lippen.

Ich bin ihnen überall auf der Welt begegnet, Silvia, einfachen Menschen, die eines Tages entdeckt hatten, dass sie eine Mission in ihrem Leben erfüllen, selbst wenn sie nur einen Laib Brot mit anderen teilen. Ohne sich dessen bewusst zu sein, sind sie von großer Bedeutung. Am meisten begeistert mich aber, dass sie auch und vor allem dann ganz selbstverständlich handeln, wenn andere es überhaupt nicht wahrnehmen – in völliger Stille, ganz egal, ob ihnen jemand dabei zusieht oder nicht. Ich glaube, sie haben die Bedeutung von Demut und Liebe vollkommen verstanden. In gewisser Weise haben sie sich ihr eigenes Paradies hier auf Erden erschaffen. Sie erwarten nichts von anderen. In meinen Augen macht sie das zu einem wahrhaft besonderen Völkchen.

Und dann gibt es jene, die nehmen. Diese Menschen fahren missmutig einen Kleinwagen und sind neidisch, wenn sie jemanden in einer Luxuskarosse sehen. Tratsch ist ihre Muttersprache. Immer geben sie anderen die Schuld an ihren Problemen. Immer befinden sie sich in Konkurrenz mit anderen und merken gar nicht, dass ihr Leben weitergeht und sie eines Tages der Tatsache ins Auge blicken müssen, dass sie zu viel kostbare Zeit damit verschwendet haben, das Leben der anderen zu beobachten, anstatt ihr eigenes zu leben. Menschen, die nur nehmen, leben auf Kosten anderer. Sie sind Schmarotzer.
Du, Silvia, hast immer gegeben. Ich habe mit eigenen Augen gesehen, wie du alles jenen gegeben hast, von denen du meintest, sie bräuchten es dring-

ender als du. Das war damals, als du alles hattest und eines Tages beschlossen hast, einen Schlussstrich zu ziehen und nicht nur all deinen materiellen Besitz zu teilen, sondern auch all die Liebe, die jede Faser deines Seins verströmte.

Ich war als Einziger dabei, als wir uns die Hand hielten und deine Zeit schlussendlich gekommen war. Bevor du für immer die Augen geschlossen hast, sahst du ein letztes Mal durch das offene Fenster deines kleinen Zimmers eines der unzähligen Dinge, mit denen das Leben uns gesegnet hat – einen ganz normalen Sonnenuntergang. Doch da dein Körper im Sterben war, hast du dich an diesem Anblick nicht nur erfreut, du hast ihn wahrlich geliebt. Dann schliefst du schließlich – zum letzten Mal – mit diesem schönen Lächeln ein, das mir im Gedächtnis geblieben ist und das ich auch nie vergessen werde, solange ich lebe, solange ich lebendig bin.

Die einen geben, die anderen nehmen, Silvia. Himmel und Hölle. Das Leben kann beides sein, je nachdem, was man daraus macht.

Die wahre Bedeutung des Geldes

Was bedeutet Geld wirklich, Silvia?
Warum lassen wir uns auf ein Nonstop-Rennen ein, das dazu dient, immer mehr Geld, immer mehr Reichtümer anzuhäufen?
Wie die meisten Leute dachten auch wir einmal, dass Reichtum uns zu wichtigeren Menschen und Gewinnern im Leben machen würde. Wer dich kannte, tuschelte: »Sieh doch, da ist Silvia. Schau dir den neuen Wagen an, den sie gerade gekauft hat. Ihr muss es sehr gut gehen.«
Dass es dir »gut ging«, hieß ganz einfach, dass du eine Menge Geld verdient hattest. Der neue Wagen, das neue Haus, der Schmuck, den du trugst, all das stand für deinen Erfolg. Aber haben sie dich je gefragt, ob du *glücklich* damit warst? Ob dich die Lebensweise, die du gewählt hattest, erfüllt hat?

Ob du getan hast, wovon du immer geträumt hattest? Ob du noch immer lachen konntest wie ein Kind? Ob du überhaupt Zeit zu leben hattest?
Nein. Sie haben dich nie danach gefragt. Dies sind jedoch die grundlegenden Fragen, die wir uns selbst stellen müssen, um ein erfülltes Leben zu führen, um den inneren, den spirituellen Frieden zu finden, den man nicht kaufen kann, egal, wie viel Geld wir auch verdienen mögen. Diesen endgültigen Seelenzustand, in dem man weiß, dass es keinerlei Rolle spielt, wie man gekleidet ist, welches Auto man fährt, wie voll das Bankkonto ist. Dass es nur wichtig ist, man selbst zu sein, sein Leben zu leben, das einem manchmal so kurz vorkommt, und endlich der Mensch zu sein, der man immer sein wollte – befreit von dem, was andere denken oder sagen.
Versteh mich nicht falsch, Silvia, über das Thema Geld haben wir oft gesprochen und sind am Ende immer zu demselben Schluss gekommen: Es ist nicht verwerflich, Geld oder ein schönes Haus zu haben, es ist auch nicht verwerflich, wenn man sich alles kauft, was man haben möchte, sofern man es sich leisten kann. Aber Geld sollte nie zum Gott erhoben werden. Geld darf einem nicht das Leben stehlen.
Schließlich wurde uns klar, was Geld wirklich bedeutete: Man war sorgenfrei. Wir mussten uns keine Gedanken darüber machen, wovon wir im

nächsten Monat die Stromrechnung bezahlen sollten, wie wir am nächsten Tag etwas zu essen bekämen, wovon wir den Benzintank unseres Wagens füllen sollten. Wir waren ohne Sorge. Und dadurch konnten wir die Zeit nutzen, so zu leben, wie wir wollten. Wir konnten innerlich wachsen und uns des Lebens freuen wie Kinder. Wir konnten tun, was wir gern taten, vergaßen dabei aber nie diejenigen, die es nicht so gut getroffen hatten wie wir. Ich erinnere mich, dass mir ein guter Freund einmal bei einem Gespräch einen Fünf-Dollar-Schein in die Hand gedrückt hat.

»Sergio, sei ganz ehrlich: Wer besitzt hier wen?«

Wenn ich ganz ehrlich war, dann besaß das Geld oft mich. Aber nun nicht mehr. Nie wieder. Und indem ich zu dieser Einsicht gelangt bin, kann ich mich jetzt, da das Leben es, finanziell gesehen, so gut mit mir gemeint hat, nur auf das beschränken, was ich zu einem harmonischen Leben brauche: eine kleine Wohnung mit Blick auf den weiten Ozean, ein bisschen Erspartes für die Ausbildung meines Sohnes Daniel, eine Krankenversicherung, einen gebrauchten SUV, der mich jederzeit zu all meinen wundervollen Surfplätzen bringt, meine Gitarre, zwei Surfboards und meine Träume. Der Rest geht an gemeinnützige Projekte.

Ach ja, ich habe noch eine kleine Hütte an einem abgelegenen Strand, an dem ich so langsam zum Mitglied einer Delfinschule werde ...

Geld ist im Grunde nicht verkehrt, Silvia, verkehrt ist nur unsere Sichtweise darauf. Wir sollten uns niemals zu Sklaven des Geldes machen. Gier zerstört unseren Seelenfrieden und somit unser Leben.

Worte, die ich für immer aus meinem Leben verbannt habe

Erwachsen zu werden und die ersten magischen Lebensjahre hinter sich zu lassen ist mitunter eine schmerzliche Erfahrung, das wissen wir beide, Silvia, vor allem wenn man eine schöne Kindheit hatte.

Es ist seltsam – als Kind will man groß sein, doch wenn die Jahre vergehen, will man die Zeit manchmal wieder zurückdrehen, will zurückkehren in dieses kleine, aber wundersame Universum, in dem man ohne jede Verantwortung seiner Phantasie freien Lauf lassen kann und weiß, dass die Welt, die vor einem liegt, sein Spielplatz ist.

Ich wünschte, du könntest meinen Sohn Daniel sehen, Silvia. So beiläufige Dinge, wie eine Flasche zu öffnen oder zu verschließen, Dinge, die für uns Erwachsene ganz normal sind, sind für Daniel wie eine Medaille bei den Olympischen Spielen. Immer wenn er etwas Neues lernt, macht mich sein Siegerlächeln unendlich stolz.

Doch die Zeit vergeht, und wir wachsen körperlich wie geistig. Eines Tages finden wir uns dann in einer Welt wieder, die zwar schön, wegen menschlicher Gefühle jedoch kompliziert ist. Ich habe herausgefunden, dass diese Komplikationen sich auflösen könnten, wenn alle Menschen ihr Leben nach universellen Prinzipien wie Ehrlichkeit, gegenseitigem Respekt, Großzügigkeit und Toleranz ausrichten würden.

Wie oft musste ich mir anhören, dass meine Welt, so wie ich sie mir vorstelle, lediglich eine Utopie sei? Vielleicht stimmt das ja, denn solange wir überzeugt sind, dass wir unsere Träume sowieso nicht verwirklichen können, geschieht es auch nicht. Doch selbst wenn es nie gelingen sollte, Kriege von der Erdoberfläche zu verbannen, heißt das nicht, dass es sich nicht lohnt, dafür zu kämpfen.

In unserer einzigartigen kleinen Welt machen wir die Erfahrung, dass sich vieles ereignet, weil es von einer Generation zur nächsten tradiert wird. Viele Menschen sind Opfer von Opfern. Das haben wir selbst erlebt. Kinder mit traumatischen Erlebnissen werden ihr ganzes Leben lang Narben behalten. Manche Eltern versuchen, ihre eigene Lebensweise auf ihre Kinder zu übertragen, oft ohne sie zu fragen, ob sie wirklich so leben wollen.

Als wir jung waren, Silvia, wollten wir die Welt verändern. Am Ende konnten wir froh sein, dass die Welt nicht uns verändert hat. Wir merkten, dass wir möglicherweise zur Verbesserung der Welt beitragen könnten, wenn wir uns ein Beispiel an den vielen Millionen Menschen nahmen, die ein bescheidenes Leben führten und von denen wir wussten, dass sie wirklich glücklich waren. Das gab uns Hoffnung. Dann haben wir – du mit deinen ansprechenden Bildern, ich mit meinen einfachen Worten – versucht, die Engstirnigkeit derer zu durchbrechen, die dachten, es gebe nur einen Weg, sein Leben zu leben, nämlich nach den Regeln unserer Gesellschaft. Und in unserem Fall hat es tatsächlich geklappt. Staunend stellten wir fest, wie viele Menschen es überall auf der Welt gab, die einen Ausweg aus diesem ständigen Konkurrenzkampf suchten und etwas anderes tun wollten, etwas, das ihr Leben wirklich erfüllen würde.
Wir wurden älter und steckten unversehens in einer Gesellschaft fest, die wir so oft nicht verstanden. Doch nach einer Weile hatten wir uns daran gewöhnt, von anderen verletzt zu werden oder dabei zuzusehen, wie unsere Freunde vom Weg abkamen, ihre Prinzipien aufgaben, die Achtung vor anderen verloren, nur um ihre egoistischen Ziele zu erreichen.
Wir hatten uns daran gewöhnt, Silvia, zumindest für eine Weile. Doch dann wurde uns eines Tages

die Bedeutung von »Vergebung« klar, und Worte, die uns so sehr verletzt hatten, verschwanden plötzlich aus unserem Wortschatz, vor allem aber aus unseren Herzen.

Welches Ereignis ging dieser Entdeckung voraus? Tief in unserer Seele begriffen wir, dass wir ein sehr viel friedlicheres Leben führen konnten, wenn wir bestimmte Gefühle nicht hegten und bestimmte Handlungen unterließen.

Begriffe wie Groll, Konkurrenz, Neid, Gier, Hass, Rache gab es in unserem Leben, unserem Herzen und unserem Geist nicht mehr. Dafür lernten wir Worte wie Vergebung, Demut, Akzeptanz, Verständnis, Geduld, Toleranz und hatten damit das Rüstzeug für ein harmonisches Zusammenleben mit anderen Menschen. Später erkannten wir, dass es das kostbarste Geschenk ist, etwas zu geben und nichts dafür zurückzuverlangen. Es ist, für sich allein, das Wertvollste, was man überhaupt bekommen kann.

Ja, meine schöne Freundin, gewisse Worte sollte es gar nicht geben, trotzdem existieren sie. Du aber hast mir geholfen, sie aus meinem Leben zu tilgen und mich immer weiterzubewegen.

Angst darf den Träumen niemals im Weg stehen.

Oft hast du mich spätabends zum Surfen begleitet, Silvia. Am Meer, das wir so liebten, saßt du still und barfuß im feuchten Sand, während ich über eine Wand aus Salzwasser glitt. Du maltest all diese wunderschönen Bilder, die du allein mit deiner Seele sahst. Wie glücklich wir waren! Wie treu wir uns selbst waren!
Dennoch werde ich nie vergessen, dass manchmal ein Gefühl der Angst meinen Körper und meine Seele beschlich, wenn die Wellen immer größer und höher wurden. Bei Riesenbrechern ließ ich mir grundsätzlich eine Ausrede einfallen, um nicht ins Wasser zu müssen: Ich war erkältet, hatte keine Zeit... So viele Lügen, um mich meinen Ängsten nicht stellen zu müssen. Aber du hast mich wohl besser gekannt als ich mich selbst, Silvia. Ich

werde immer vor mir sehen, wie wir dort am Strand saßen und eine immense Brandung an die Küste schlug. Ich suchte eine Rechtfertigung, um nicht ins Wasser gehen zu müssen, und du hast mich einfach nur im Arm gehalten und gefragt: »Wovor hast du Angst, Sergio?«
Ich wollte irgendetwas vorschieben, aber du ließt es nicht zu. Du sahst mir in die Augen, mit diesem Blick, bei dem deine Augen wie Sterne in der Nacht leuchteten, oder wie ein Sonnenaufgang an einem kristallklaren Morgen.
Du sagtest: »Die Angst darf deinen Träumen niemals im Weg stehen, Sergio.«
In diesem Moment kam ein Freund, ein Surfer, der immer große Brecher ritt.
»Bist du bereit, Sergio? Die Wellen sind der Wahnsinn!«, rief er.
Ich saß in der Falle. Doch die Stimme meines Herzens erinnerte mich an etwas, das ich einmal gelesen hatte: *Der einzige Unterschied zwischen einem Feigling und einem Helden in einer gefährlichen Situation ist der: Der Feigling rennt weg, der Held bleibt, auch wenn sie beide dieselbe Angst verspüren.*
»Kommst du, Sergio?«, fragte mein Freund.
Ich hatte eine Heidenangst. Es waren Monsterwellen. Was wäre, wenn ich nicht mehr aus der wogenden, schäumenden See herauskäme? Ich könnte gar ertrinken!

»Denk nicht darüber nach, tu's einfach«, sagtest du, Silvia.
Und ich dachte: *Zum Henker! Wenn ich sterbe, sterbe ich wenigstens bei meiner Lieblingsbeschäftigung!*
Also schnappte ich mein Surfbrett, legte mir die Schlaufe um den Fuß und paddelte mit meinem Freund durch die Brandungswellen zu den Kaventsmännern.

~

Als wir uns den Riesenwellen näherten, sah ich, dass sie noch größer waren, als sie von der Küste aus gewirkt hatten. Ich bekam Panik.
»Ich glaube, ich paddle besser zurück zum Strand«, sagte ich zu meinem Freund.
»Tu's nicht!«, sagte er. »Du würdest es bis an dein Lebensende bereuen, glaub mir.«
Das verlieh mir eine Zeit lang die Kraft zu bleiben. Etwa dreißig Meter von den hohen Wellen entfernt, setzte ich mich auf mein Brett. Mein Freund glitt geradewegs in die Gischt. Gleich darauf erwischte er ein paar Wellen. Er sah aus wie ein kleiner Punkt an einer Wasserwand.
Dann kam er zurück und sagte: »Du bist dran.«
»Ich habe eine Scheißangst«, gestand ich.
»Ich weiß. Beim ersten Mal, als ich so große Wellen wie diese hier geritten habe, ging es mir ganz ge-

nauso. Trotzdem bin ich hier und lebe noch. Kämpfe nicht gegen die Welle, reite einfach mit ihr. Und wenn du aus irgendeinem Grund fallen solltest, denk an zwei Dinge: Atme so tief ein, wie du kannst, und schließe unter keinen Umständen die Augen. Irgendwann lässt dich die Welle wieder frei.«

Wir paddelten zusammen in den Bereich, in dem sich die Wellen überschlugen. Plötzlich sah ich in der Ferne am Horizont Linien, wie Cordsamt.

»Keine Panik!«, sagte mein Freund. »Mir nach!«

Ich atmete tief ein und folgte ihm. Als die Wellen näher kamen, war ich schockiert von ihrer Höhe.

»Nimm die zweite Welle«, rief er. »Ich bleibe hier – für alle Fälle. Wenn du das Gefühl hast, dass du schon in der Welle bist, paddle noch ein Stück weiter.«

Nun gab es kein Zurück mehr. Ich nahm mein Board, drehte es zur Küste und begann zu paddeln, um die Welle zu erwischen. Sie wurde immer größer, und ich starb fast vor Angst. Ich paddelte so kraftvoll, wie ich konnte, dann spürte ich, dass die Welle mich schon in sich hineinzog. Ich bewegte mich noch ein Stück weiter, so wie mein Freund es mir geraten hatte.

Das Timing war perfekt. Es war ein unglaubliches Gefühl – als würde ich von einem dreistöckigen Gebäude in die Tiefe gleiten. Ich konzentrierte mich, versuchte, der Gischt zu entkommen. Das

Tempo war rasant. Ich ritt vielleicht fünfzig Meter weit auf dieser erhabenen Schöpfung des Ozeans, dann aber machte ich einen Fehler und fiel in die Welle. Ich sog die Luft tief ein und riss meine Augen weit auf.

Die Riesenwelle riss mich tief nach unten, und durch den Druck begannen meine Ohren zu schmerzen. Die Kraft der Welle zog mich immer weiter zum Meeresgrund hinunter. Anfangs sah ich alles verschwommen. Ich versuchte, gegen die Macht des wogenden Wassers anzuschwimmen, aber es war zwecklos. Also ließ ich mich treiben. In so einer Situation können wenige Sekunden wie lange Minuten erscheinen. Nach etwa einer halben Minute verfloss die Gischt um mich herum, das Wasser wurde wieder klarer. Entscheidend war, dass ich immer die Augen offen hielt und sah, was um mich herum geschah. Ich war nach wie vor unter Wasser, hatte aber noch Luft in den Lungen. Ich tastete nach meinem Brett und hielt mich daran fest. Auf einmal begann das Board mit mir zusammen an die Wasseroberfläche zu treiben, bis ich schließlich auftauchte. Ich holte tief Luft – und sah, dass die zweite Welle bereits auf mich zukam und mich unter sich begraben würde. Doch nun wusste ich, was zu tun war. Ich ließ mein Board also wieder los, atmete ganz tief ein, machte die Augen auf und tauchte unter, bevor die Gischt mich erfassen konnte.

Dieses Mal fühlte ich mich sicherer.

Es ist unglaublich, Silvia, wie man mit kleinen Schritten die Glaswände der Angst zum Einsturz bringen kann, sobald man sie durchbricht.

Von diesem Tag an war ich überglücklich, weil ich nun wusste, dass ich meine Ängste überwinden konnte, und feststellte, dass ich mit dieser Haltung nicht nur eine Riesenwelle, sondern jedwede Gefahr und Herausforderung, vor die das Leben mich stellt, konfrontieren konnte. Mal habe ich gewonnen, mal verloren. Aber ich werde nie wieder vor einer Gefahr davonlaufen. Und ich glaube, allein das macht den Unterschied. Das wissen wir beide, Silvia.

Der letzte Atemzug

Warum haben wir solche Angst vor dem Tod, Silvia?
Warum haben so viele Menschen unterschiedlicher Religionen trotz ihres Glaubens an ein Leben nach dem Tod solche Angst, diese Welt zu verlassen, wenn ihre Zeit gekommen ist?
Ich wuchs in einer katholischen Familie auf. Als Kind ging ich jeden Sonntag in die Kirche, betete jeden Abend vor dem Einschlafen und hielt Zwiesprache mit Gott, wenn ich allein auf den Klippen war, wo ich so gerne saß, und dabei zusah, wie die Sonne mit dem Meer verschmolz. Als ich dann älter wurde und viel reiste, sah ich so vieles, was mich an den Dingen zweifeln ließ, die man mir beigebracht hatte. Zum Beispiel dass die Hostie, die uns der Priester bei der heiligen Kommunion gab und die man schlucken musste, ohne sie mit der Hand zu berühren, ein Stück des Leibes Christi

darstellte. Oder dass ich meine Sünden einem vollkommen Fremden beichten musste, der aber doch auch nur ein Mensch war wie ich selbst.

Bei meinen Reisen fand ich heraus, dass es auf dieser Welt andere Religionen gibt, Religionen, deren Priester heiraten dürfen, oder Religionen, die Heiligenstatuen und -bilder verbieten, ja sogar Religionen, in denen gar keine Heiligen existieren. Und dann gibt es noch diese wundervollen Menschen im Himalaja, die allen irdischen Besitz aufgegeben haben, um ins Nirwana zu kommen, um diese Erkenntnisstufe zu erreichen, auf der man vollkommene innere Ruhe und endgültigen Seelenfrieden findet, ohne noch etwas Materielles zu brauchen.

Warum also ist der Tod so traurig?

Warum weinen wir bei einem Begräbnis, wenn wir doch glauben, dass der Mensch, der uns verlassen hat, nun an einem besseren Ort ist? Haben wir uns nicht deshalb bemüht, ein gutes Leben zu führen, andere zu achten und uns an Prinzipien zu halten, um, wenn unsere letzte Stunde geschlagen hat, an diesen Ort zu kommen, den die Katholiken »Himmel« nennen? Wenn jemand stirbt, weine ich nur, weil ich diesen Menschen vermissen werde, so wie ich geweint habe, als wir deine Asche ins Meer gestreut haben, Silvia. Weil ich dich nun nicht mehr anrufen kann, nie wieder mit dir zusammen lachen oder mit dir meine Gedanken teilen kann, darum habe ich geweint. Weil du mir fehlst, nicht weil du gestorben bist. In manchen Religionen wird bei einem Todesfall ein Fest gefeiert. Die Menschen lachen und sind fröhlich, weil der Tote nun an einem schöneren Ort weilt. In Indonesien, auf Bali, habe ich das erlebt.

Es ist so verwirrend, Silvia. Gibt es denn überhaupt ein Leben nach dem Tod? Ich glaube schon. Ich habe zwar keinen Beweis dafür und werde es wohl auch erst erfahren, wenn ich selbst sterbe. Früher dachte ich, nach diesem Leben käme nichts mehr; das war ein Fehler, denn so hatte ich keinen Grund mehr, mir ein Ziel zu setzen und mein Leben voll auszukosten. Ich hatte meine Spiritualität eingebüßt und habe mich dadurch im Leben so verloren gefühlt wie nie zuvor.

Unabhängig vom Glauben an eine bestimmte Religion und auch ohne überhaupt religiös zu sein, hat mich das offene Buch des Lebens in Situationen gebracht, in denen ich gespürt habe, ohne es erklären zu können, dass jedem Lebewesen etwas Astrales innewohnt. Etwas, das sich jeder physikalischen Erklärung durch den materiellen Körper entzieht, in dem wir gefangen sind: kurze Momente der Erleuchtung, wenn wir ganz klar erkennen, dass der Tod des Körpers nicht das Ende des Lebens ist; dass wir uns lediglich in etwas anderes verwandeln, etwas Einzigartiges, das Teil der Gesamtenergie des Universums ist.

Ganz ehrlich: Ich glaube bestimmt nicht, dass man in den Himmel kommt, wenn man sich auf dieser Reise, genannt Leben, richtig verhält, und dass man für immer in der Hölle schmort, wenn man sich danebenbenimmt. Hingegen bin ich felsenfest davon überzeugt, dass man, je nachdem, welche Entscheidungen man trifft, aus seinem Leben entweder einen Himmel oder eine Hölle machen kann. Was danach kommt – das weiß ich nicht, Silvia. Ich muss nur immer daran denken, welcher Friede dich umgab, als du gegangen bist. Ich glaube einfach, dass der Zauber, den ich in der Natur gefunden habe, mir Tag für Tag vermittelt, dass es nach dem Tod einen Ort geben muss, wo man mit Delfinen schwimmen und auf dem Kamm der ewigen Welle reiten kann. Ein Ort, an dem alle Träume wahr werden. Dort werden wir frei sein von unserem Körper und unserem Geist, die uns gefangen halten und mit der Zeit immer hinfälliger werden.

Du hast einmal gesagt, wir würden anfangen zu sterben, sobald wir geboren werden. Das kann man wohl sagen! Wenn mein letzter Tag kommt, werde ich lächeln, weil ich selbst dann noch voller Lebensfreude war, als meine Stunde geschlagen hat und ich abtreten musste. Und dann werde ich viele Menschen treffen wie dich, die bereits auf die andere Seite übergewechselt sind.

Ich achte alle Religionen und jeden gläubigen

Menschen. Silvia, du und ich, wir haben uns Gott vermutlich am nächsten gefühlt, wenn wir draußen in der Natur waren. Trotz unseres Respekts vor Glaubensbekenntnissen und Gläubigen wollten wir beide unser Leben einfacher gestalten. Wenn uns jemand fragte, welcher Religion wir angehörten, sagten wir nur: allen und keiner. Wie du bezeichne auch ich mich lieber als spirituelles Wesen.

Den Glauben anderer zu respektieren und selbst respektiert zu werden ist der Schlüssel zu wahrem Verständnis unter den Menschen, unabhängig davon, wo man geboren wurde und woran man glaubt.

Heute: Mein Lieblingstag.

Ja, Silvia, das Heute ist immer mein Lieblingstag, das Jetzt mein Lieblingsmoment: die perfekte Zeit zu handeln, zu träumen, zu teilen, zu lieben.
Ich denke über die Vergangenheit nach und erinnere mich an all die Fehler, die ich gemacht habe, wie auch an die wunderbaren Augenblicke eines Lebens, das ich bis an alle Grenzen ausgelotet habe. Ich denke daran, was für tolle Menschen ich getroffen habe, von denen ich auf meiner Lebensreise so vieles gelernt habe. Ich erinnere mich auch an jene, die mir wehgetan haben. Aber weißt du, was, Silvia? Damit halte ich mich nicht auf. Das Leben ist zu kurz, um wütend zu sein, Groll zu hegen oder sich zu ärgern. Das lohnt sich nicht.
Jedes Heute stellt mich vor eine völlig neue Herausforderung: die Welt vierundzwanzig Stunden lang

zu erleben und sich an dem zu freuen, was der Tag bringen mag. Jeder Morgen ist wie ein neuer Lebensanfang, denn ich weiß nicht, was mich erwartet. Die Vergangenheit ist vorbei, die Zukunft beginnt morgen. Ich stehe da, atme und erlebe dieses wunderbare Heute. Ich darf den Tag auf keinen Fall verstreichen lassen, ohne ihn voll auszuleben. Jetzt ist die Zeit, etwas zu machen, jetzt ist die Zeit zu versuchen, ein besserer Mensch zu werden, das zu tun, was ich liebe, anderen zu helfen. Ich kann heute so viele Dinge unternehmen!

Keiner weiß mit Gewissheit, was die Zukunft bringen wird. Leider kommt die Zukunft für manche Menschen vielleicht gar nicht, vielleicht auch nicht für mich. Also gibt es für mich keine Entschuldigung und auch keine Ausrede, um aus dem Heute nicht ein tolles Abenteuer zu machen. Gute Zeiten, schlechte Zeiten – all das ist egal, Silvia. Doch was ich heute mache, werde ich mit meinem ganzen Willen, mit Leib und Seele tun: leidenschaftlich lieben, Problemen konstruktiv gegenübertreten, mich aufs Neue ins Leben verlieben, weinen, wenn es sein muss, und meine Tränen der Regen sein lassen, der aus einem aufrichtigen, traurigen oder glücklichen Herzen fällt. Und wenn ich lache, werde ich lachen wie nie zuvor. Ich möchte, dass mein Glück die ganze Welt umfängt!

Es gibt also keine Ausrede, um nicht heute das zu

tun, wonach sich mein Herz sehnt. Wenn ich es nicht tue, werde ich es eines Tages bereuen. Das habe ich aus meinen eigenen Fehlern gelernt – und von dir, liebe Silvia.
Heute erwachte ich mit einem Lächeln. Ich trank köstlichen, frisch gebrühten Kaffee, setzte mich auf meine Terrasse und sah zu, wie die Morgendämmerung dem Tag wich. Ein paar kleine Fischerboote fuhren hinaus. Ich roch die frische Luft, die vom Meer her wehte, und arbeitete den ganzen Morgen über mit einer positiven Einstellung. Nun wartet ein einfacher, aber leckerer Salat in der Küche auf mich. Danach werde ich duschen. Und dann habe ich noch immer den ganzen Rest des Tages vor mir! Vielleicht werde ich ein Schläfchen halten oder einen alten Freund anrufen, den ich sehr vermisse, vielleicht gehe ich auch Wellen reiten, um meine Seele zu erfrischen. Doch jetzt muss ich aufhören zu schreiben, denn genau das habe ich heute, in diesem Moment, abgeschlossen: Ich habe Worten Bedeutung verliehen und sie in Gedanken verwandelt, habe mein Herz sprechen lassen.

Bruder Ozean

Ich sehe ihn jetzt im Moment an, Silvia, sehe ihn durch die Palmen hindurch hinter dem weißen Sand, der mich äußerlich, nie aber innerlich von ihm trennt.
Mein Seelenverwandter.
Mein bester Freund.
Mein Bruder, der Ozean.
Zwischen uns hat sich eine unglaubliche Beziehung entwickelt, die nicht möglich gewesen wäre, wenn ich meine Augen nicht für die Schönheit der Welt geöffnet hätte.
Mal ist er tiefblau, mal glasklar und grün. Wenn die Winterwolken ihn verhängen, ist er grau. Manchmal ist er so ruhig wie Tee in einer Tasse, dann wieder peitscht er mit einer solchen Vehemenz gegen die Küste, dass man ihn kilometerweit hören kann.

Du bist der Spiegel meiner Lebensreise, Bruder Ozean, auch wenn du viel weiser, viel älter bist. Und trotzdem spielst du noch immer wie ein Kind. Das Wichtigste im Leben habe ich dank dir gelernt. Dennoch hast du nie etwas von mir zurückverlangt. Das ist wahre Freundschaft.
Bei dir fühle ich mich immer am wohlsten, am geborgensten und sichersten. Du allein hast meine heimlich vergossenen Tränen gesehen und die meisten Glücksmomente mit mir erlebt. Immer warst du für mich da, im Guten wie im Schlechten. Beim Schwimmen, Wellenreiten, Tauchen oder wenn ich dich einfach nur ansehe, verspüre ich ein Gefühl im Herzen, das ich unmöglich in Worte fassen kann. In deinem Inneren wohnen und leben so viele Geschöpfe, von denen einige meine besten Freunde geworden sind und denen ich mehr verdanke als der menschlichen Gesellschaft. Du bist wie die Luft, die ich atme, du bist Nahrung für meine Seele, mein Herzschlag. Ich kann mir ein Leben ohne dich nicht vorstellen.
Aus Erfahrung weiß ich, dass jeder Mensch einen Ort haben sollte, an dem er sich nie einsam fühlt, einen »Geheimplatz«, wo er eins sein kann mit dem Universum, wo er die Regeln und Prinzipien für das Leben aufstellen kann, das er immer leben wollte – frei von jedem Druck und allen Vorurteilen, die uns daran hindern, so zu sein, wie wir wirklich sind. Dieser Ort kann überall sein, Haupt-

sache, man fühlt sich dort zu Hause und braucht keine andere Gesellschaft als sich selbst. Für mich ist dieser Ort mein Bruder Ozean.

Du hast mir einmal erzählt, was das Meer dich gelehrt hat, Silvia: nämlich, dass der Tag, an dem wir meinen, wir wüssten alles und es gebe für uns nichts mehr zu entdecken oder zu lernen, der Tag sein wird, an dem wir zu sterben beginnen.

Nachwort

Ja, Silvia, alles hat einen Anfang und ein Ende. Du hast mir gezeigt, dass die Welt ein Spielplatz ist. Eine Reise voller Glück und Tränen, von der ich mir jedoch wünsche, dass sie niemals zu Ende ginge. Meine Liebe zum Leben ist grenzenlos. Dennoch frage ich mich immer wieder, wie wir es geschafft haben, von diesem wunderbaren Glücksgefühl erfüllt zu sein und diesen inneren Frieden zu finden.

Vielleicht liegt es an den vielen, vielen Fehlern, die wir unser Leben lang gemacht und aus denen wir gelernt haben. Oder vielleicht liegt es an unserer Erkenntnis, dass der vermeintliche Tod der Raupe die Geburt des Schmetterlings ist. Vielleicht liegt es daran, dass wir uns bewusst geworden sind, dass aller Besitz, den wir unser Eigen nennen, nur eine Leihgabe ist. Und dass wir nur ganz wenige materielle Dinge brauchen. Vielleicht liegt es auch daran, dass wir begriffen haben, dass unser Glück darin besteht, dem Leben für das zu danken, was wir bekommen und erreicht haben, anstatt das zu beklagen, was wir nicht bekommen und nicht erreicht haben. Vielleicht liegt es daran, dass wir Worte wie Groll, Neid, Habgier, Bitterkeit und Eifersucht für immer aus unserem Herzen und aus unserer Seele verbannen konnten und nicht mehr mit anderen wetteifern müssen. Vielleicht weil wir die Erfahrung gemacht haben, dass man mit logischem Denken nicht immer weit kommt und dass durch die Lektionen, die das offene Buch des Lebens uns erteilt hat, die wirklich wichtigen Dinge tief in unserem Inneren verwurzelt sind. Vielleicht aber auch, weil wir das Leben inzwischen als eine Uhr ohne Zifferblatt betrachten können und wissen, dass alles irgendwann vorübergeht, dass das Alter keine Bedeutung hat und die wahren Momente der Erleuchtung und des Verstehens nur ganz kurz sind. Doch wenn wir unserem Leben treu bleiben, gibt es solche Momente immer öfter, bis wir sie schließlich jeden Tag erleben.

Vielleicht liegt es auch daran, dass wir gelernt haben, unser Leben nach Prinzipien und nicht nach Traditionen auszurichten. Oder weil wir mittlerweile wissen, dass es manchmal besser ist, falschzuliegen – denn wer im Leben nie einen Fehler gemacht hat, hat nie etwas ausprobiert. Vor allem aber weil wir Folgendes gelernt haben: Wer ein Leben rettet, so klein und unbedeutend es auch scheinen mag, rettet in Wirklichkeit die ganze Welt ...

~~~

Ich muss zum Schluss kommen, Silvia, auch wenn mir weiterhin unzählige Gedanken direkt aus dem Herzen, aus jeder Zelle meines Körpers, aus jeder Narbe, die ich an Leib und Seele davongetragen habe – stumme Zeugen der wunderbaren und auch traurigen Abenteuer meines Lebens und deren Lektionen –, in den Sinn kommen. Gedanken und Erfahrungen, die wir so oft miteinander geteilt haben, Entdeckungen, die manchmal aber auch jeder allein auf seinem eigenen, einzigartigen Lebensweg gemacht hat.

Zumindest für mich kann ich sagen: Ich habe erkannt, dass mein Leben nicht in der Zukunft stattfindet, sondern in den Träumen und Dingen, die ich im Hier und Jetzt erlebe, Tag für Tag: ein zauberhafter Sonnenuntergang, ein Kinderlächeln, der sanfte Wind, der mir übers Gesicht streicht, wenn ich mit meinen Brüdern, den Delfinen, schwimme. Ein einsamer Ritt über die Wellen, allein und doch vereint mit meinem Bruder, dem Ozean, der meine Seele zärtlich umfängt. Spielen mit meinem vierjährigen Sohn Daniel, ihn bedingungslos und bewusst lieben, wenn ich sehe, wie er lächelt oder über all die Dinge staunt, die er Tag für Tag neu entdeckt. Dann sehe und spüre ich ein reines, unschuldiges Herz, das eines Tages begreifen wird, dass jeder Mensch allein auf diese Welt kommt und sie auch allein wieder verlassen muss, dass er einzig die Erinnerungen und Träume mitnehmen kann, die ihn erkennen lassen, ob er wirklich das Leben gelebt hat, für das er bestimmt war, ob er tatsächlich den wahren Sinn seines Lebens gefunden hat.

Die wirkliche Herausforderung an der Aufgabe, mir selbst treu zu sein, Silvia, bestand darin, meinen eigenen Weg zu finden und zu gehen und nicht dem Pfad zu folgen, den andere ausgetreten hatten. Dazu musste ich die Ketten sprengen, die uns behindern und uns zwingen, ein fremdbestimmtes Leben zu führen, aus Angst vor dem, was andere sagen könnten. Ich musste akzeptieren, dass wir als Menschen dazu verurteilt sind, Fehler zu machen und uns damit abzufinden. Ich habe Demut gelernt, Bescheidenheit, habe größten Respekt vor der Natur und vor jedem Menschen. Und ich gebe, ich gebe und gebe und verlange nie etwas dafür. Das ist das schönste Geschenk, das mir das Leben machen kann. Die fast vollständige Aufgabe materiellen Besitzes ist zumindest für Menschen wie dich und mich, Silvia, wichtig, damit wir uns auf den allergrößten Schatz im Leben eines Menschen konzentrieren können: nämlich auf die Zeit zu leben. Wenn man erkennt, dass man alles, was man tut, mit größter Hingabe, Engagement und Liebe machen muss, kommt der Rest von allein. Wir müssen mit anderen teilen, die nicht so viel Glück hatten wie wir. Wir müssen ein für allemal begreifen, dass wir andere erst dann wirklich lieben können, wenn wir gelernt haben, uns selbst so zu lieben, wie wir sind, wenn wir uns wahrhaft akzeptieren können und versuchen, jeden neuen Tag ein besserer Mensch zu werden, ein Mensch, der vergibt und sich auch selbst vergeben kann.

Wenn wir heute auf den Weg zurückblicken, den wir uns im Kampf gegen Blitz und Donner geebnet haben und gegangen sind, können wir zu uns selbst sagen: Wir bereuen nichts. Wir sind Menschen, die ihrer Bestimmung gefolgt sind: Als zwei unzertrennliche Fünfjährige saßen wir einst zusammen auf den Klippen und blickten aus purer Lust und Freude aufs Meer. Und nach vielen Jahren stellten wir beide eher zufällig fest, dass Millionen andere Menschen auf der ganzen Welt ständig ihr Leben hinterfragen, wie auch wir es einst getan haben.

Ich hatte das Glück, die Welt bereisen und sie mit eigenen Augen sehen zu dürfen, nicht auf dem Bildschirm oder in der Zeitung. Ich hatte das Glück, etwa an einem wunderschönen Strand in der Nähe von Lissabon einen Ort des Friedens und der Harmonie zu finden. Ich habe einzigartige lichtvolle Momente erlebt, fernab großer Menschenmengen und frei von gesellschaftlichen Regeln, und konnte schließlich die Welt so sehen, wie sie ist.

Nun spaziere ich wieder einmal am Strand entlang durch den feuchten Sand, meine wundervolle Silvia. Barfuß.

Ich beobachte eine tolle Delfingruppe, die vor mir im Wasser spielt, dort, wo wir vor einiger Zeit deine Asche verstreut haben. Gleich werde ich bei ihnen im Meer sein, ich weiß, dass sie auf mich warten. Wie du.

Vergib mir, Silvia, wenn ich es nicht geschafft habe, das, was wir gelernt haben und auf ewig in unseren Herzen tragen, mit Worten auszudrücken: Es ist immer leichter, zu fühlen, als ein Gefühl zu beschreiben. Aber ich habe mein Bestes gegeben und mehr kann ich als Mensch nicht tun. Ich habe versucht, das Versprechen zu halten, das ich dir gegeben hatte. Trotzdem weiß ich, dass man es vielleicht auch hätte besser machen können und dass man sehr viel mehr über all das schreiben könnte, was das Leben uns gelehrt hat. Aber ich bin ganz einverstanden mit dem, was ich geschildert und gesagt habe. Vergib mir bitte, falls dieses Buch Unzulänglichkeiten aufweist, Silvia. Du sollst wissen, dass alles, was hier steht, direkt aus meinem Herzen kommt. Und ich glaube, so wolltest du es haben: ein Buch, geschrieben von einem einfachen Menschen, der, wie du, eines Tages beschlossen hat, sein Leben nach seinen eigenen Prinzipien zu leben und sich nicht nach den überlieferten Regeln der Gesellschaft zu richten, in die er hineingeboren wurde. Ein wahrer, bescheidener Träumer. Genau wie du.

~~~

Darf ich dir ein Geheimnis verraten, Silvia?
Gerade eben habe ich mein Apartment mit Meerblick verkauft und mir eine kleinere Wohnung gemietet, sie hat den gleichen schönen Blick, ist aber sehr viel bescheidener. Ich weiß jetzt, dass ich nicht mehr als das brauche. Auch das habe ich von dir, Silvia, und ich danke dir dafür. Mit den Jahren habe ich gelernt, mein Leben so weit zu vereinfachen, dass ich mich an nichts gebunden fühle. Ich bin dabei, die paar kleinen Firmen zu schließen, die ich betrieben habe. Ich schreddere viele Unterlagen, viel Papier, weil ich das Gefühl habe, dass ich es nicht mehr brauche. Mein Kleiderschrank wird immer leerer. Gott sei Dank bin ich bei guter Gesundheit, und die Kerze meiner Träume flackert heller denn je im stärker werdenden Wind. Nach dem Schwimmen mit dir und meinen Delfinen hole ich meinen kleinen Daniel von der Vorschule ab, dann werden wir ganz einfache Dinge tun und dabei sicher großen Spaß haben. Er ist

noch sehr klein, aber wir sind schon die besten Freunde. Vielleicht werde ich bald einen kleinen, abgeschiedenen Ort finden, an dem ich mich zu Hause fühle, weit weg von den lärmenden Massen, fern dieser Welt, die sich jeden Tag schneller zu drehen scheint. Und dann, nach all den Leben, die ich hier auf Erden gelebt habe, will ich wieder spielen wie ein Kind, und dieses Mal für immer.
Ich habe mich bemüht, mein Wort zu halten, Silvia. Ich hoffe, es macht dich glücklich. Nun ist es, denke ich, an der Zeit, mich von dir zu verabschieden, bis wir uns wiedertreffen. Ich weiß, dass du dann noch immer dieses schöne Lächeln auf den Lippen haben wirst und dass du mir diesen magischen Ort zeigen wirst, an dem du nun schon lebst. Aber erst umarme ich dich, so wie Seelen sich umarmen, in der Weite des Meeres und mit einem freimütigen Lächeln.
Während ich hier in die Tiefen des Ozeans blicke, den ich so sehr liebe, und die Ruhe und den Frieden nach vielen erfüllten Leben verspüre, sage ich mit weit offenem Herzen:
Lebwohl, schöne Silvia.
Ich habe mein Wort gehalten. Hoffentlich freust du dich über das, was ich geschrieben habe.

~~~

Bis zu unserem Wiedersehen, liebe Silvia.
Dein Seelenbruder Sergio

Die Geschichte eines Träumers

Sergio Bambaren Roggero wurde am 1. Dezember 1960 in Lima, Peru, geboren, wo er die britische Highschool absolvierte. Bereits von frühester Kindheit an war er fasziniert vom Ozean, der untrennbar mit dem Stadtbild Limas verbunden ist. Diese Liebe zum Wasser sollte ihn für den Rest seines Lebens prägen und unter anderem den Anstoß geben, sich auf das Abenteuer eines Lebens als Schriftsteller einzulassen.

Seine Freude am Reisen und seine Begeisterung für andere Länder führten Sergio Bambaren in die USA, wo er an der Texas A&M University Chemotechnik studierte; ein Gebiet, das ihn sehr interessierte – doch seine große Liebe war und blieb der Ozean.

Um so oft wie möglich seiner Leidenschaft, dem Surfen, frönen zu können, reiste er mit Vorliebe in Länder wie Mexiko, Kalifornien oder Chile.

Schließlich entschied Sergio Bambaren sich, nach Australien, genauer nach Sydney, auszuwandern, wo er als Verkaufsleiter arbeitete. Auch von der neuen Heimat aus unternahm er viele Reisen, unter anderem nach Südostasien und an die afrikanische Küste – immer auf der Suche nach der perfekten Welle.

Nachdem er einige Jahre in Sydney gelebt hatte, legte Bambaren ein *sabbatical* ein, um Europa zu bereisen. In Portugal schließlich, an einem herrlichen Strand, eingerahmt von Pinienwäldern, fand er einen ganz besonderen Freund und erkannte, welchen Weg im Leben er zu gehen hatte: Ein einsamer Delfin inspirierte ihn dazu, sein erstes Buch zu schreiben: »Der träumende Delphin. Eine magische Reise zu dir selbst«.

Als er wieder nach Sydney zurückkehrte, erhielt Sergio Bambaren ein Angebot von Random House Australia, sein Buch zu verlegen, doch er schlug es aus, da er das Gefühl hatte, die Änderungen, die der Verlag vornehmen wollte, würden den Inhalt und die Botschaft seines Buches zu stark verändern. Er entschied sich 1996, sein Buch im Selbstverlag herauszubringen.

Dieser Entschluss veränderte Sergio Bambarens Leben grundlegend: Er verkaufte allein in Australien mehr als 60 000 Exemplare von »Der träumende Delphin«. Der Traum, ein Leben als Schriftsteller zu führen, begann endlich Gestalt anzunehmen.

»Der träumende Delphin« wurde bis heute in fast dreißig Sprachen übersetzt, unter anderem ins Russische, Kantonesische und Slowakische. In Deutschland stand der Titel jahrelang auf der Bestsellerliste und wurde über 1,3 Millionen Mal verkauft. Ähnlich gute Ergebnisse erzielte er unter anderem in Lateinamerika und Italien. Ebenso begeistert wurden auch seine anderen Bücher aufgenommen: »Ein Strand für meine Träume«, »Das weiße Segel«, »Der Traum des Leuchtturmwärters«, »Samantha«, »Die Botschaft des Meeres«, das Weihnachtsmärchen »Stella«, »Die Zeit der Sternschnuppen«, »Der kleine Seestern«, »Die Rose von Jericho«, »Die Blaue Grotte«, »Die Bucht am Ende der Welt«, »Die Heimkehr des träumenden Delphins«, »Lieber Daniel«, »Die beste Zeit ist jetzt« und zuletzt »Die Stunde der Wale« wurden in vielen Ländern zu großen Erfolgen.

Immer wieder hat Sergio Bambaren Europa bereist. Er besuchte dabei unter anderem Holland, Sardinien und Süditalien und hielt sich auch in Ischia auf, wo die größte Delfin-Forschungsstation im Mittelmeerraum beheimatet ist.

Mehrfach besuchte er auch Deutschland und Österreich. Den krönenden Abschluss seines Europaaufenthalts 2005 bildete eine erfolgreiche Signiertour durch Österreich und Deutschland. Die auf dieser Reise gewonnenen Erfahrungen sind in sein Buch »Die Blaue Grotte« eingeflossen. Nach Süditalien ist der Autor seitdem wiederholt zurückgekehrt, da dort der Großteil der Drehar-

beiten zu »Ein Strand für meine Träume« stattfand.
Sein großes Interesse am Ozean und sein Anliegen, sämtliche Walarten zu schützen, machten ihn zum idealen Kandidaten für den Posten des Vizepräsidenten der ökologischen Organisation »Mundo Azul« (Blaue Welt). Seither bereiste Sergio Bambaren im Auftrag dieser Organisation die verschiedensten Länder mit dem Ziel, die Ozeane und ihre Lebewesen zu schützen und zu bewahren. In Zusammenarbeit mit »Dolphin Aid« setzt er sich mit Therapieformen auseinander, bei denen der Kontakt von behinderten Kindern mit Delfinen für bessere Heilungschancen sorgen soll.
Im Jahr 2008 wurde Sergio Bambaren Vater; seinem Sohn widmete er das Buch »Lieber Daniel«. Heute lebt er wieder in seiner Heimatstadt Lima, Peru, von wo aus er nach wie vor häufig zum Wellenreiten geht. Umringt von Delfinen mit den Wellen eine Einheit zu bilden gibt ihm die Inspiration und Energie, weiterhin für all diejenigen zu schreiben, die wie er irgendwann in ihrem Leben beschlossen haben, nach dem Motto zu leben: »Lass dich nicht von deinen Ängsten daran hindern, deine Träume wahr zu machen!«

»Ihr aus dem Westen habt Uhren – wir haben Zeit.«

Sergio Bambaren
Das Leuchten der Wüste
Ein Buch für die Seele

Aus dem Englischen
von Gaby Wurster
Pendo, 160 Seiten
€ 12,99 [D], € 13,40 [A]*
ISBN 978-3-86612-388-5

Eine kleine Oase in der Sahara, fernab der Zivilisation: An diesem gänzlich friedlichen und unberührten Ort, der weder Zeit noch Hektik kennt, begegnet Sergio Bambaren einem weisen Nomaden. Durch ihn erkennt er den Reichtum des einfachen Lebens – und beginnt das Glück in seiner reinsten Form zu spüren…

PENDO

Leseproben, E-Books und mehr unter **www.pendo.de**